史家之绝唱

无韵之离骚

少年读史记故事

秦汉霸业

高金国 编著

北方联合出版传媒(集团)股份有限公司

万卷出版公司

图书在版编目（CIP）数据

少年读史记故事.秦汉霸业 / 高金国编著. — 沈阳：
万卷出版公司，2021.1（2021.9重印）
ISBN 978-7-5470-5542-7

Ⅰ. ①少… Ⅱ. ①高… Ⅲ. ①中国历史—古代史—纪
传体②《史记》–少年读物 Ⅳ.①K204.2-49

中国版本图书馆CIP数据核字（2020）第245046号

出 品 人：王维良
出版发行：北方联合出版传媒（集团）股份有限公司
　　　　　万卷出版公司
　　　　　（地址：沈阳市和平区十一纬路25号　邮编：110003）
印 刷 者：辽宁新华印务有限公司
经 销 者：全国新华书店
幅面尺寸：145mm×210mm
字　　数：120千字
印　　张：6
出版时间：2021年1月第1版
印刷时间：2021年9月第4次印刷
责任编辑：齐丽丽
责任校对：张兰华
装帧设计：张　莹
ISBN 978-7-5470-5542-7
定　　价：28.00元
联系电话：024-23284090
传　　真：024-23284448

为什么要读《史记》?

两个为什么

现在，我要开始写这本书；而你，要开始读这本书。

我们面临一个共同的问题——

对我来说，是："我为什么要写这本书？"

对你来说，是："我为什么要读这本书？"

只要知道了你为什么要读这本书，也就知道了我为什么要写这本书，以及应该怎样写，应该突出什么、避免什么……

可以说，"你的问题"是解开"我的问题"的钥匙。

是啊，我们为什么要读《史记》呢？在我读过的所有书中，这本书的枯燥程度，大概仅次于《黄帝内经》了。

当然，我指的是还没入门的时候。一旦入了门，你就好像进入了一座宫殿，枯燥、干巴的句子，瞬间优美起来；还跟网上的"超链接"一样，能让你从这个句子联想到其他典故，大脑自动点击"链接"，就进入了另一个世界……

但要到那程度，估计你都上大学了。现在，《史记》对你来说，依然十分枯燥。书里提到的名人，不说上万，几千总有吧？就算专家，也未必能全记住。

我从哪里来

这么枯燥，我们干吗还看它呢？

因为，随着年龄的增长，你一定会问一个问题。

我是从哪里来的？

我是爹妈生的。

爹妈是从哪里来的？

爷爷奶奶、姥姥姥爷生的。

他们又是从哪里来的？

祖先繁衍的。

祖先又是从哪里来的？

——问到这里，你爸妈估计快崩溃了。

还好，他们想到了《史记》。

答案就在这本书里。

《史记》里寻根

《史记》的第一篇，叫《五帝本纪》，这里面讲的第一个人，就是我们共同的祖先之一——黄帝。

我们都是炎黄子孙，这个"炎黄"，指的是炎帝、黄帝，他们是黄河流域最早的两大部落首领；在炎黄的基础上，繁衍了华夏族；在华夏族的基础上，形成了中华民族。

为了说得清楚一点，我举个例子。

我姓高，山东人。山东古称齐鲁，齐、鲁是周朝的两个诸侯国，齐国第一任国君是姜太公。

通过研究史料，我发现高姓大多是姜太公的后裔。姜太公的子孙后代，主要姓姜和吕，也有其他分支——多达二十来个，其中就有"高"。

姜太公的后代为什么不全都姓姜，还分出那么多姓？

因为古人使用姓的时候，很不规范；有的根本就没姓，甚至连名都没有。其原因很简单：人少。

高姓，源自姜姓，而姜是炎帝的姓氏。所以，这一姓氏最初的源头，就是炎帝。

于是，通过看《史记》，结合其他史料，我知道我是从哪里来的了；对着小伙伴们炫耀一下，还是很有自豪感的。

祖先在哪里

我找到答案了。可是，你还没有。那么，看《史记》吧！一定要注意里面千奇百怪的姓名，说不定，就和你有关！

不过，还有个问题没解决。

万一别人说："中国十几亿人口，怎么偏偏你是炎帝（或者某位名人）的后代？"

一开始我也有这个困惑。后来，我想通了。

你听说过"填满棋盘64格大米"的故事吧？皇帝要感谢农夫，农夫说，把这个棋盘填满就行了。怎么填呢？第一格，放1粒大米；第二格，放2粒；第三格，放4粒；第4格，放8粒……总之下一格翻一倍，就行了。

皇帝一听，这简单！没想到，算到第64格，全国的大米都放进去，也不够……

人类的繁衍是同样的道理，一个生两个，两个生四个，四个生八个……只要环境能够承受、没有意外灾害，会呈"几何级数增长"。几千年前一个几十人的小姓，到现在发展成几千万人，很正常。

好了，现在，让我们一起开启《史记》的"探索之旅"吧！

■ **序言**

■ **天下从此一统：秦始皇**（秦始皇本纪）

　　■ **秦王嬴政**：皇帝从他开始　　　　002

　　■ **功在千秋**：废封建行郡县　　　　010

　　■ **焚书坑儒**：天下唯我独尊　　　　018

　　■ **沙丘政变**：死后鲍鱼遮臭　　　　026

　　■ **指鹿为马**：赵高不是犯傻　　　　034

■ **力拔山兮气盖世：项羽**（项羽本纪）

　　■ **眼高手低**：少年要学万人敌　　　　046

　　■ **巨鹿之战**：破釜沉舟壁上观　　　　054

　　■ **项庄舞剑**：妇人之仁鸿门宴　　　　063

■ 楚河汉界：一道鸿沟分两岸 　　074

■ 四面楚歌：战垓下霸王别姬 　　084

■ **从亭长到皇帝的奋斗史：刘邦（高祖本纪）**

　■ 沛公起兵："坏大叔"被逼创业 　　096

　■ 楚汉相争：成功并非靠运气 　　106

　■ 建立大汉：草根皇帝恤民情 　　114

■ **除了没称帝，和女皇无异：吕后（吕太后本纪）**

　■ 母子殊途：吕后刚毅子柔弱 　　126

■ 诸吕为王：儿子去世泪却无　　135

■ 刘氏反扑：富贵不过梦一场　　143

■ **强汉由此发端：从文景到武帝**

（孝文本纪、孝景本纪、孝武本纪）

■ 仁爱文帝：三十年后政乃成　　154

■ 景帝削藩：心急难吃热豆腐　　162

■ 汉武盛世：神没请到鬼却来　　171

天下从此一统：秦始皇

秦始皇本纪

即便身为皇帝，能影响中国两千年，也不容易；秦始皇做到了。他带领秦国打下的版图，奠定了今日中国版图的基础；他创立的郡县制，至今依然影响着中国。

秦王嬴政：皇帝从他开始

带着问题读《史记》

秦始皇是秦国人，为什么出生地却是赵国的邯郸？

秦统一之前，我国是一个封建制国家。这个"封建"，指的是"封土建邦"，也就是天子把土地分给宗室和功臣，让他们在这土地上建国。

天子之下建国的这些诸侯，权力很大，很容易搞独立、搞割据。春秋战国时代，诸侯国之间连年乱战、周天子权力遭到严重削弱，根子就在于这种分封制。

然而，这一切，在秦始皇手中终结了。

🔶 邯郸人质

秦始皇名叫嬴政，出生于秦昭襄王四十八年正月。

秦昭襄王是嬴政的曾祖父。不过，嬴政可没有机会和曾祖父共享天伦之乐，因为，出生那会儿，他还在赵国，身份是人质的儿子。

　　这个人质（古书上一般叫"质子"），就是嬴政的父亲，名字叫异人（后改名子楚），也就是后来的秦庄襄王。

　　秦昭襄王是异人的祖父。

　　爷爷是秦国国君，异人算是王孙了，怎么变成人质了呢？

　　战国时代，各国之间战争不断，互相提防，即便两国缔结了和平协定，也不放心，因为那时候国和国之间谎话连篇、翻脸不认账的事情太多了。于是，双方便把国君的某个儿子（或孙子）质押在对方手里（也有弱国把王子王孙质押给强国，以示忠诚），这样对方万一想翻脸，也会有所顾忌。

　　问题是，国君的王子王孙，往往很多，也不在乎杀掉一个两个的，所以，这种人质，其实也没太大效果。

　　拿异人来说，他光兄弟就有二十多个，都是当时的太子安国君的儿子。

　　所以异人在赵国做质子，日子是很难过的，因为秦国绝不会因为有人质在赵国手里，就不攻打赵国；相反，几乎是毫无顾忌，该打就打，决不手软。

　　异人可就惨了，整天提心吊胆；赵国人刁难他，也是常有的事儿，都习惯了。

　　就在他穷困潦倒，感到人生无趣的时候，一个"土豪"闯进了他的生活。

◎ 一笔大生意

　　这个大商人兼土豪，名叫吕不韦。他到赵国都城邯郸做买卖

的时候，发现了异人，顿时觉得此人"奇货可居"。

他和异人做了一笔交易：你没钱，我有钱；我地位不高，你地位高；咱俩合作，我助你继承王位，如何？

天上掉馅饼，异人答应了。

安国君（异人的父亲）儿子虽多，最受宠爱的华阳夫人却没有儿子。吕不韦贿赂华阳夫人，把异人过继给她；同时劝说华阳夫人，把异人立为接班人。

金钱开道，一切都很顺利，异人顺利地成了安国君的太子。他投靠华阳夫人，成了名义上的嫡子。华阳夫人是楚人，为了表达对她的忠心和感激，异人改名子楚。

秦昭襄王去世后，安国君继位，这就是秦孝文王；孝文王正式继位没几天就去世了，子楚继位，这就是秦庄襄王。

不过，出生在邯郸的嬴政，却给后人留下了一个无法破解的"身世之谜"。

那就是：他到底是子楚的儿子，还是吕不韦的儿子？

这事儿充满了疑点，而且很难有定论。

子楚在邯郸做质子的时候，一次和吕不韦一块儿饮酒，看见吕不韦的一个姬妾，便借着酒劲，索要这个美女。吕不韦起初很生气，后来想想，既然此人"奇货可居"，舍不得孩子套不住狼，就送给他吧！

子楚不知道，此女当时已有身孕。

后来，这个女子生了一个男孩，便是嬴政。

嬴政十三岁的时候，秦庄襄王去世，嬴政继位。最初，因为年幼，国家大事都由大臣们来处理。此时最重要的大臣，是"奇货可居"最终成功的吕不韦，以及名臣李斯等；武将则有蒙骜（áo）、王龁（hé）等，可谓众星云集。

画外音：吕不韦是一个典型的"投机分子"，他把政治当成了生意。生意的目的是赚钱；生意有风险，生意越大，风险越大。

但政治却不仅仅是生意，过度的投机，不仅是折了本钱的问题，反倒有可能搭上性命。

吕不韦的这笔"生意"很成功，自己最终成了秦国的宰相；但风险在嬴政继位后暴露无遗，最终被杀。

同样是精明的商人，辅佐越王勾践的范蠡（lǐ），就睿智得多，知道急流勇退、功成身退。

他说过这样的话：买卖货物，容易腐烂的不可久藏，切忌囤积居奇；要懂得物价涨跌的道理，物价贵到极点，必然会贱。

两相对比，高下立判。

◎ 冷酷的帝王

继位时，秦王嬴政还是个小孩子；谁也想不到，仅仅九年之后，年仅二十出头的秦始皇就表现出了过人的政治手段和冷酷本性。

长信侯嫪毐（lào ǎi）企图发动政变，被年轻的嬴政三下五除二，挑落马下，包括嫪毐在内的众多反臣，被处以车裂，诛九族。

杀反臣，还显示不出嬴政的冷酷；因为嫪毐和嬴政的母亲赵姬有说不清的关系，嬴政干脆把赵姬给流放了。

赵姬，可是太后啊！嬴政不管。既然你有错，别管是不是我的母亲，就是亲爹也不行。

这还不算，在父亲继位过程中立下大功的当朝宰相吕不韦，也在第二年被嬴政给免职了，原因是牵扯进了嫪毐案；三年之后，嬴政逼迫吕不韦服毒自杀。

然而铁腕不是固执，嬴政在玩弄手腕时，会加以权衡，显得游刃有余。

有一次，有人劝他："太后因为牵扯到了嫪毐案，被您流放了；从法理上来说，的确如此，但此事却会在诸侯之间留下把柄啊！"

嬴政想了想，觉得此人说得不无道理，便把母亲接了回来。

还有一次，嬴政认为国内的门客人多嘴杂，对政令议论太多，要把他们全部驱逐出境。这和当年秦孝公等人的"求贤"心态成了鲜明对比，大臣李斯觉得此事万万不可，于是写了《谏逐客书》，劝谏嬴政。

嬴政看了这篇奏疏，表示同意，废止了逐客的命令。

画外音：很多人有个误区，认为为了表示自己的权威，就要固执己见；仿佛不固执，就无法显示自己的权威。

事实上，权威不等于固执；恰当地改变主意、放弃错误决定，不仅无损于形象，反倒有助于树立权威。

关键是要理智地做出分析，而不能只是情绪化地固执己见。嬴政这两次改主意，明显都是进行了冷静的分析，权衡了利弊的：

流放生母，无论如何都有点说不过去，容易留下话柄，借坡下驴，听别人的意见接回母亲，既让生母受到了惩罚，也避免了话柄；

驱逐门客，会造成大量人才流失，门客们的议论，则完全可以治理，两相权衡，因为怕议论就驱逐人才，是因小失大。

冷静分析之后，是坚持，还是放弃，就会有一个比较清晰的答案了。

◎ 目空一切

有祖先打下的基础，有名臣名将，秦国的统一之路势不可当。公元前221年，秦灭齐，统一了全国。

目空一切的嬴政，似乎并不认为这是秦孝公商鞅变法打下基础、历代国君努力的结果，而是把功劳揽在了自己一个人身上。

他对大臣们说："历代帝王哪有我这么牛的？光叫'王'或者'帝'，都无法显示我的伟大。你们讨论一下我的称号吧！"

大臣们经过讨论，汇报的时候，先拍了一通马屁："大王您的功业，真是连五帝都赶不上啊！古代有天皇、地皇、泰皇，其中泰皇最为尊贵，要不您就尊称为'泰皇'吧！"

大臣们违心地说嬴政的功绩超过了五帝，感觉这个马屁已经拍得够大的了，尊称为"泰皇"，也够可以的了，没想到，嬴政还是不满意。

他觉得，自己这么伟大，岂可光做"皇"？必须带着"帝"！

于是说："'泰'字去掉，留着'皇'，再加上'帝'，就叫'皇帝'吧！"

"此外……"嬴政还想到了一个问题，关系到自己的面子和名声，"听说以前，人们都是在帝王去世之后，根据他生前的事迹，取一个谥号，这就好比儿子评论父亲，很不妥当！从我开始，改改，我叫'始皇帝'，子孙就是二世、三世……直到千万世！"

他一句话，就把历史给改写了：一直传承的帝王谥号制度从此"作古"。不过，事情并没有他想得那么如意，秦经历了二世就灭亡了；汉朝又恢复了传统的谥号制度。

毕竟，谥号制度的存在，对帝王是一种警醒：你如果胡作非为，死后的谥号就会很难看，比如周厉王、商纣王等。

改革谥号制度，说明秦始皇有私心，虽然没能坚持多久；但他出于公心——至少目的是让秦朝强大的公心——而确立的许多制度，却长期传承了下来。

其中，影响最深远的，是实行郡县制，实现了书同文、车同轨。

【原著精摘】

秦始皇帝者，秦庄襄王子也。庄襄王为秦质子①于赵，见吕不韦姬，悦而取之，生始皇。以秦昭王四十八年正月生于邯郸。及生，名为政，姓赵氏。年十三岁，庄襄王死，政代立为秦王。

【注释】

①质子：即人质，派国君的子孙或重臣居留对方国内，以示相互信任。

【译文】

秦始皇是秦庄襄王的儿子。庄襄王在赵国作人质时，看见吕不韦的姬妾，很是喜欢，就把她娶了过来，生了始皇。秦昭王四十八年正月，秦始皇生于邯郸。出生时，取名为政，姓赵氏。十三岁的时候，庄襄王死了，嬴政继位，成为秦王。

功在千秋：废封建行郡县

带着问题读《史记》

秦始皇为什么要实施"书同文"？他最终把哪种文字作为规范的通用字？

把人才留住

秦始皇这个人，冷酷、果敢、决绝，好大喜功，大兴土木，缺点很多；但他对历史的贡献，却也是巨大的。

他并不是一个刚愎自用的人，和秦穆公、秦孝公一样，他很善于拉拢、利用人才。

统一六国之前，有个叫尉缭的人建议说，秦国目前很强大，对付六国的关键，是防止它们联合；因此，只要花点小钱，去贿赂六国有权力的大臣，让它们无法联合，就很容易各个击破了。

秦王对尉缭的建议十分赞赏，以优厚的礼节招待他。然而，尉缭却对秦王的人品产生了怀疑：

"秦王的相貌，鼻梁高高翘起，眼睛又细又长；胸如凶猛的大鸟，声音如同豺狼一般。这种面相的人，都刻薄寡恩，心似虎狼。他们穷困的时候，对人谦卑；发达之后，就会轻易地吃人。我只不过是个平民，秦王见到我的时候，表现出谦卑的样子；如果真的让秦王得了天下，天下人就都成了他的奴隶，这种人，不可和他长处。"

于是，尉缭打算逃离秦国，想不到却被秦王发现了。

人才外逃，甚至还非议国君，按说，秦王一怒之下把他杀了，也是可能的。但秦王没这么做。

相反，他努力挽留尉缭，给他高官厚禄，完全采用他的计谋。这样一来，尉缭反倒没法走了。

除了尉缭、李斯等人，还有一个人，也很能体现秦始皇对人才的重视，他就是韩非。

韩非是韩国人，屡次向韩王上书，希望他采用法家的主张，严格法治、赏罚分明，促使国家强大。可惜，韩王不听。

韩非有口吃的毛病，说话结巴，文章却极为潇洒。无奈之下，他下笔千言，写下多篇文章，阐述自己的思想、理念。

这些文章广为传播，秦王嬴政看了，大为赞赏，甚至声称"见到此人，死而无憾"！为了夺取这个人才，他不惜发兵攻打韩国，目的就是得到韩非。

虽然韩非最终因与李斯意见相左遭到陷害，被捕入狱，服毒

自杀，但秦始皇还是大量采用了韩非的理念治国，大获成功。

> **画外音**：历史上不少名人，有口吃的毛病。口才不好，导致他们在很多地方陷入困境。比如战国时代的韩非，汉朝的周昌、司马相如，三国时期的邓艾等。
>
> 司马相如文章华丽，声名远播，说话却结巴。一次，他在宴会上弹琴，刚刚守寡的卓文君偷听到，为之动心，两人于是私奔。有人说，当时司马相如如果不是弹琴，而是说话，恐怕卓文君会觉得索然无味，对他再也提不起兴趣来了。

◎ 分封制终结

统一全国之后，国家如何规划，是摆在秦始皇面前的一个大课题。群臣有两派意见。

一种意见认为，秦朝应该继承前代传统，在偏远地区设立诸侯国，由皇帝的儿子前往镇守。

反对的意见，来自李斯。

李斯说，周朝分封的诸王很多，结果怎么样？后来还不是彼此疏远、互相攻击、反目成仇吗？现在国家刚刚统一，正好可以设置郡县，您的儿孙以及大臣们，可以靠公家的赋税供养，完全不必拥有封地！这样既容易管理，天下也没有二心。

虽然反对李斯、支持分封的大臣很多，但秦始皇还是力排众议，支持李斯。他的话，可谓一针见血："前些年，为什么百姓如此困苦？还不是因为诸侯王的存在，导致战争频发？国家刚刚安定，就要再度分封诸侯，岂不是自己树立敌人吗？"

于是，秦始皇一道命令，彻底终结了长达一千多年的分封制，他将天下分为三十六郡。郡县制由此确立。直到今天，我国的行政划分依然与此类似，可谓影响深远。

另外三项产生深远影响的，则是统一度量衡、统一文字、

统一车辆和道路的标准。

尤其值得一提的是，秦始皇将六国"各自为政"的文字，统一为规范的篆书，大大促进了历史的进步。

⊛ 长生不老之梦

秦始皇是个十分勤勉的皇帝，他巡游各地，最终死在了巡游途中。

然而，他人生也有三大污点：寻求长生，焚书坑儒，大兴土木。

这三大污点，其实内部有着某种关联。因为寻求长生、十分迷信，所以他轻信了一些方士的说法，但他又十分精明，发现有些方士在欺骗他，于是坑杀了很多方士和儒生。所谓的焚书坑儒，坑杀的更多的是方士。

因为迷信，他担心自己死后无法延续生前的辉煌，所以在建造阿房宫的同时，修建巨大的陵墓。阿房宫、秦始皇陵、万里长城，这三个超大规模的建设工程，大大消耗了秦朝的国力，让老百姓不堪重负，终于天下大乱。

如果说秦朝灭亡的根子，就在秦始皇，那么秦始皇错误的根子，就是他的迷信长生和好大喜功。

统一后，秦始皇巡游全国，在很多地方刻碑立传，记载自己的丰功伟绩、豪言壮语。他的好大喜功，在全国人民面前暴露无遗。

他眼里没有三皇五帝，世界唯我独尊；唯一让他感到失落的是，自古至今，还没发现有谁能长生不老。如果自己永远不死，又何必担心什么二世三世、千世万世？

齐地有一个人，名叫徐福，揣摩透了秦始皇的心思，于是上书说，在东边的大海里，有三座仙山，名字分别叫蓬莱、方丈和瀛洲，是仙人居住的地方。咱们只要找到了仙人，求得了长寿之方，还怕不能长生？

始皇大喜，连忙拨了很多钱财，让徐福带着童男童女，驾船驶向大海深处，寻找仙人。

至于结果，你懂的。徐福带了童男童女，消耗大量钱财，弄得天怒人怨——坑了多少心疼孩子的父母，结果有去无回。

四年之后，燕地有个方士，名叫卢生，再次入了秦始皇的法眼。秦始皇命他寻访仙人，自然是没有结果；仙人寻不到，始皇寻思，哪怕你们见不到仙人，光弄回点长生不死的仙药来也好啊！于是又派韩终、侯公、石生等人去寻求仙药。

到他巡行北部边境的时候，去海里寻找仙人的卢生终于回来了。显然，他没能把仙人捉回来献给皇帝，没法交差，他担心秦始皇杀了自己，于是说，自己见到神仙了。

神仙自然不能捆住捉回来，卢生说自己没那本事，皇帝也信。

那你如何证明你确实见到了仙人呢？这是一个很严肃的问题，始皇必然要问的。

卢生早就想好了招儿，对始皇说："我虽然没能把仙人请回来，

可是仙人给我看了一本书，上面有很多预言。"

预言？以前巫师就干这个，始皇不觉得这玩意儿新鲜，自然也不感兴趣；他不感兴趣，卢生耗费钱财、寻找仙人无果，弄不好就要杀头。

所以卢生一定要说点始皇感兴趣的，才能渡过这一关。

他说了一句话，始皇果然瞪大了眼睛。

他说："预言书上说，灭掉秦的，将是胡。"

始皇求长生，有私心，也有公心，私心是自己多活几年，公心是秦朝多传几世。卢生果然是个好道士，很懂心理学，一句话就抓住了要害。

胡？难道是北方的胡人？胡人的确强大，对边境构成了威胁。否则，秦始皇就不会修建万里长城了。

始皇觉得，仙人的预言，似乎很有道理；卢生即便是在说谎，貌似也能自圆其说。

卢生侥幸过关。

事实上，秦始皇很多疑，如果说卢生这点套路，就能骗过秦始皇，那你可太小看秦始皇了。

卢生只不过说到了点子上，说到了当前秦朝的一大威胁；这一威胁，早晚要解决，卢生的"仙人预言"，恰好给了他一个打仗的借口。

很快，秦朝大将蒙恬，发兵三十万，北攻胡人！

秦始皇做梦也想不到的是，卢生的胡诌，却也歪打正着——灭亡秦朝的，的确是"胡"；不过，不是胡人，而是胡亥。

胡亥，即秦二世——秦朝亡国之君。

【原著精摘】

分天下以为三十六郡，郡置守、尉、监。更名民曰"黔首"。大酺①。收天下兵②，聚之咸阳，销以为钟镰，金人十二，重各千石，置廷宫中。一法度衡石丈尺，车同轨，书同文字。

【注释】

①大酺：聚会饮酒。

②兵：兵器。

【译文】

（秦始皇）把全国划分为三十六郡，每郡设有郡守、丞尉、郡监，把百姓改称为"黔首"，赐给人民酒，让天下人欢饮。同时，收缴天下的兵器，集中在咸阳，将其熔化后，铸成钟镰一类的乐器，还铸造了十二个铜人，每个重一千石（dàn，古代重量单位）左右，安置在宫廷中。他还制定了法律制度，统一了度量衡的标准；规定了车子两轮距离（便于建设道路、统一运输）；统一文字书写规范。

焚书坑儒：天下唯我独尊

带着问题读《史记》

秦始皇"焚书坑儒"，活埋的都是儒生吗？

◎ 有话直说的博士

秦始皇好大喜功，这样的人，往往喜欢阿谀奉承。

这是人之常情，谁都喜欢听好话。偏偏秦始皇一步步走向辉煌的时候，储备了一批人才；这批人才中，有几个刚正不阿、见不得别人拍马屁的。

比如淳于越。

有一次，秦始皇在咸阳宫设酒宴。酒酣耳热，歌舞升平，始皇高兴，大臣尽兴；这么好的拍马时机，岂可错过？

大臣周青臣于是大拍了一通，可谓气壮山河，也很啰唆，总而言之就是：陛下您太伟大了，伟大到无以复加，您的功业流传后世，自上古以来的帝王没有一个能赶上您的！

秦始皇非常高兴，其实他心里就是这么想的，周青臣只不过把他想说的话当众说出来了，所以他也没觉得周青臣在拍马屁，反倒觉得这人实事求是。

不知道周青臣是否违心，但这番话在秦始皇以外的人看来，显然夸大其词，纯属拍马屁。

这次酒宴有点特殊，一共来了七十位博士。

当然，那时候的博士，不是今天"博士学位"的博士，而是指"博学之士"，是一种官职，主要负责保管文献档案、编写资料、应对皇帝的问答等；皇帝有了什么问题，经常会找他们咨询一下。

淳于越就是这样一个政府顾问。

周青臣的官职，是仆射（yè），是个很有实权的官员。一个实权高官，面对诸多政府顾问，当众拍皇帝马屁，让淳于越很不爽。

既然自己是顾问，负责调查研究的，那么，发现了问题，就该向皇帝汇报。于是，他站出来，毫不客气地批评朝政。

他说了很多，重要的有两点：

第一，批评了郡县制，主张恢复分封制。他认为，周朝延续那么多年，就是因为天子把子孙后代分封为诸侯王，天子万一遇到难处，子子孙孙、王公贵族们，都带兵前来接应自己，一呼百应。可皇帝您呢？您的子弟，一个在外边的都没有，和普通百姓没什么差别（主要指他们没有封地和军队），万一国内出现叛乱，谁来帮您呢？

第二，周青臣作为大臣，不辅佐您好好治理国家，光知道拍马屁，实在不是个忠臣！

客观地说，淳于越的第一点是错误的；但批评周青臣不该拍马屁，则是正确的。

不过，淳于越的胆子也大了一点，这两点分别批评了两个重量级大臣，一个是周青臣，另一个则是主张郡县制的当朝丞相李斯。

◉ 下令焚书

大概八年前，朝廷对采用分封制还是郡县制就有过争论，是李斯力挽狂澜，秦始皇力排众议，最终确定了郡县制。

好家伙，你个淳于越，借着酒劲，把八年前的陈芝麻、烂谷子又翻出来晒，可把李斯气得够呛！

淳于越也犯了一个错误：批评周青臣就批评呗，干吗把李斯拉上，干吗把国家已经实施了八年的郡县制扯上呢？

不太明智。

得罪了李斯，后果很严重。他本就不是什么心胸宽广的人。当年，他担心韩非来到秦国，因为韩非能力、学识又高于自己，于是对其下了黑手。

今天，他怒火一上来，不仅是惩罚淳于越的问题了，连所有读书人都要惩罚一下！

怎么惩罚呢？淳于越官职是博士，说这些话，倒也合乎法理，找不到法律上处罚他们的依据。既然堵不住你们的嘴，那就禁锢你们的思想吧！

李斯很单纯地认为，思想是可以禁锢的，而禁锢思想的方法，就是不让他们看书。

于是，他进言秦始皇，啰里啰唆说了一通，无非是读书人不能思想太活跃，他们整天胡说八道、卖弄学识，会成为社会的不安定因素。他建议，把非秦朝的典籍，全部烧毁；除非担任博士职务的，如果有敢暗自收藏其他典籍的，全部收缴、焚烧；有敢聚众讨论的，处死！

秦始皇大概也对淳于越的学究气不满，毕竟，周青臣的马屁拍得他心情愉悦，而淳于越却来给他添堵；再者，议论国家已经执行了八年的郡县制，的确欠妥。于是，他下令，按丞相说的办！

这就是焚书坑儒的前半段：焚书。

◉ 多面人格

秦始皇是历史上最复杂的帝王之一。他建立了伟大的功业，也有触目惊心的错误；人格有好的方面，也有坏的方面，比较典型的，比如多疑。

大概是因为得罪的人太多，他非常担心暴露自己的行踪。在都城咸阳周围二百里范围内，他建立了二百七十多座宫殿，宫殿之间，有驰道相连接。很少有人知道当晚皇帝住在哪个宫殿，即便知道的，也不敢泄露，因为一旦泄露，就是杀头之罪。

有一次，皇帝住到了梁山宫。他从山上往下看，发现山下有个车队，还有卫队，人数看上去不少。一问，原来是丞相的车队和卫队。

秦始皇很不高兴。你一个小小丞相，摆这么大阵势，是来抢我的风头吗？

他倒也没说什么，但身边的太监，却很为丞相担心。

后来，秦始皇忽然发现，丞相变得"懂规矩"了，把车辆和卫队的数量都减少了。

丞相如此知趣，皇帝理应高兴才对；不，恰恰相反，秦始皇勃然大怒。

因为，他并没有对丞相说明此事，当时也没下任何指令，丞相却得知了此事，原因只有一个：有人给丞相通风报信了！

这还了得！在秦始皇眼中，这是严重的泄密行为："一定是梁山宫的人，泄露了我的话！"他下令："严查此案！"

向丞相透露了皇帝说的话，马上就成了一件严重的案子，梁山宫的人都傻眼了。谁敢承认？承认了就是一个死啊！

没人敢认罪？也好办！秦始皇下令，把他在梁山宫时，在他身边侍奉的人，统统杀掉！

从此，再也没有人知道皇帝居住在哪个宫殿了。

秦始皇之所以大开杀戒，并不在于身边的人向丞相传话，而在于身边的人泄露了自己的行踪。连自己的丞相都不放心，可见秦始皇活得有多累、疑心有多重。

他的多疑，不仅让大臣们暗暗担心，就连那些整天求神问仙的方士们，也害怕了。

活埋儒生

皇帝暴虐又多疑，自己又不可能真的求到仙丹、见到神仙——越来越多的方士，开始犯嘀咕了。

卢生和侯生在一起商量："皇帝这么残暴，弄不好哪一天想起来就把咱们杀了，怎么办？"

他俩的谈话，倒是义正词严，认为这么暴虐的皇帝，不配得到长生仙药。可这玩意儿世间哪有啊？也不知道他俩是真不明白，还是装糊涂。

但结果是明确的：仙丹不要紧，脑袋最要紧；为了保住脑袋，咱们跑吧！两个人脚底抹油——溜了。

秦始皇得知俩人逃跑，暴跳如雷，新仇旧恨，一股脑儿地倒了出来："当年，韩众说给我求仙丹，结果一去不复还；徐市（徐福）说去海上找仙山，浪费大量金钱，也是一去不返！这些方士、儒生，泛泛空谈，说些无用之言；卢生我对他如此尊重，赏赐极多，居然反过头来诽谤我！以前下令焚书，让这些儒生别再胡言，看来力度还不够！"

于是下令，让儒生们互相揭发，检举出了触犯法令的四百六十多人，挖了一个大坑，全部活埋。

这就是焚书坑儒中的坑儒。

不过，事实上，被坑杀的儒生并不多，主要是惹恼了秦始皇的方士。

秦始皇的长子，名叫扶苏，劝说父亲：天下刚刚安定不久，儒生们都是效法孔子的，不该用严刑峻法处置他们，这样的事情被天下人知道，恐怕会影响国家的安定啊！

秦始皇不仅不听，反而大发脾气，他把扶苏派到北边的边境上，做了大将蒙恬的"监工"。

两年之后，秦始皇就后悔了。

可惜，晚了。

宽厚的扶苏远离了政治中心，断送了秦朝维持国运的最后一线希望。

因为，秦始皇能力再强，早晚是会死的。

画外音：李斯建议"焚书"，主要针对博士，博士里面，儒生居多；秦始皇"坑儒"，主要针对的是方士，因为方士多次欺骗他，消耗大量钱财，却一无所获。

求神拜鬼都是骗人的，凭秦始皇的才智，潜意识里不可能不知道这一点，只是不愿意相信；因为他一旦相信，也就意味着自己长生不老的梦想破灭。

聪明一世，糊涂一时；高智商的人被低智商的人欺骗，原因往往就在这里——不是不懂，而是不愿意相信。

【原著精摘】

始皇帝幸梁山宫①，从山上见丞相车骑众，弗善也。中人②或告丞相，丞相后损车骑。始皇怒曰："此中人泄吾语。"案问莫服。当是时，诏捕诸时在旁者，皆杀之。自是后莫知行之所在。

【注释】

①梁山宫：秦朝皇帝的行宫之一，在今陕西省乾县。

②中人：宦官。

【译文】

始皇帝驾临梁山宫，从山上看见丞相随从的车辆和卫队众多，很不高兴。宫中有人就把这件事告诉了丞相，后来丞相便减少了随从的车骑。始皇得知大怒说："这是宫内的人泄露了我的话。"于是让人审问此案，但没有人认罪。这时候始皇便下令逮捕当时在他身边的人，全部杀掉。从此以后，再也没有人知道皇帝的行踪所在。

沙丘政变：死后鲍鱼遮臭

带着问题读《史记》

秦始皇去世之前，打算把皇位传给谁？

巡游全国

在生命的最后时刻，秦始皇或许会后悔，当初不该因为一时动怒，让长子扶苏远离了自己；如果知道自己死后发生了什么，或许他还会后悔一件事情：不该在最后一次巡游中，带上小儿子胡亥。

执政的第三十七年，秦始皇再次决定外出巡游。

这对他而言，是再普通不过的事情了。只是他不知道，这将是自己人生中最后一次巡游了。

临行之前，他决定带上左丞相李斯，便于随时商讨、处理政务；右丞相冯去疾负责留守京城，有事情随时快马汇报。

一切安排妥当，就要准备出发了，幼子胡亥忽然提出来，希望跟着父亲，也出去见见世面。看着小儿子一脸羡慕的表情，秦始皇没多想，就答应了。

这次出巡，可谓路途遥远，声势浩大。秦始皇先往南，沿着长江顺流而下，到了浙江；从浙江又往北行，到了琅琊；从琅琊继续北上，到了荣成山，然后往西行进。

几乎跨越了大半个中国。

在琅琊，他还遇到了自己的"老朋友"——去海中寻找仙人仙药的徐福。

前面说过，秦始皇之所以坑儒，导火索就是方士们欺骗他，让他很生气。可是，这个骗人的徐福，居然还敢自投罗网，来见他？

徐福有这个胆量，谎言，他早就想好了；皇帝陛下的心理，他也摸透了。

皇上年纪大了，年纪大了就担心死亡，担心死亡就想长生不老，想长生不老，事情就好办。

他对秦始皇说："本来我眼看就要登上蓬莱仙岛、拿到仙药了，可是不巧，海上有很多大鲨鱼，过不去啊！陛下您多派点人，最好是擅长射箭的，和我们一起去，射杀这些鲨鱼，就能登岛拿到仙药了！"

在坑杀方士的时候，聪明的秦始皇已经对这些方士的鬼话产生了怀疑，这一次，他没有轻信。可是不巧，他做了一个梦，梦见自己和海神搏斗。负责解梦的博士，就把这个梦和海中的鲨鱼联系到了一起。

这让他对徐福又有点半信半疑了。要不是这个梦，想起当年逃跑的方士，一生气，弄不好就把徐福给杀了。

最终，秦始皇决定，让渔人们准备工具，自己亲自到徐福准备出发的今山东半岛东头看看，到底有没有鲨鱼！

估计也是把徐福吓得够呛。

那时候海里生态比较好，不缺鲨鱼；不过堂堂皇帝，不可能去深海活动，只能在海岸线一带，鲨鱼还是不多。秦始皇从荣成山一直航行到今天的山东烟台，终于射杀了一条鲨鱼。

这就跟钓鱼一样，熬很长时间，没有鱼上钩；一旦钓上来一条，内心还是很有满足感的。秦始皇亲自射杀了一条鲨鱼，龙心大悦，心中和海神搏斗的疙瘩也解开了（因为解梦的说，海神会化作鲨鱼，射杀鲨鱼，表示秦始皇战胜了海神），对徐福，也就网开一面，你愿意继续出海就出海吧！

战胜了海神，似乎是个好兆头；秦始皇高兴之余，却没想到，想带走他的不是海神，而是死神。

◎ 临终遗书

一路往西，绕了大半个中国，渡过黄河，出山东，到河北。目标就在前方，陕西就在远处。

然而，秦始皇却在今天的山东平原县一带，病倒了。

虽然知道皇帝早晚会死、一定会死，但这场病还是让大臣们有点措手不及。

因为，皇帝一旦生病，可能会影响帝国安危。所以，只要皇帝病了，就要把事情往最坏处打算——假设皇帝一病不起、最终死掉，帝国怎么办？不把事情往最坏处想，就无法从好处做，去杜绝影响帝国安危的隐患。

最大的隐患在于叛乱。杜绝叛乱的重要措施，是早立储君。储君，就是"储备的国君"，一旦现任国君死了，他可以马上接任，不至于出现权力真空，导致天下大乱。

一般情况下，立储君就是立太子。

秦始皇却一直没立太子，因为他觉得自己不会死，早晚会找到长生不老的仙药。

可是仙药没找到，自己先病了。

病，可能就是死的前兆。但秦始皇很忌讳提到"死"字，谁敢讨论，触犯了他，弄不好就要杀头；可你不谈死亡、光谈长生，立储君的事情，又从何说起？

群臣也就没人敢讨论此事了。

好在秦始皇是个明白人，这场病让他彻底醒了：所谓长生仙药，不过是骗人的把戏。病重之时，他写了一封信。

收信人，是自己的长子，在北方戍守边关的扶苏。

信的内容很简单，就一句话：

"赶回咸阳参加我的葬礼，然后把我埋了（与丧会咸阳而葬）。"

信很简单，含义却很深远。显然，此时的秦始皇，已经认识到死亡是不可避免的事情了。

更重要的，却不在于此，而在于：让扶苏回咸阳安葬秦始皇，一个明显的含义是——让扶苏登基，继承帝位！

秦始皇命人盖上玉玺（xǐ），把信封好，准备让人送出去。

信，放到了掌管皇帝书信印章的办公室主任（中车府令）赵高手里。

🟠 沙丘政变

秦始皇病重的地方，名叫沙丘。当时住在沙丘的行宫里。

公元前 210 年，农历的七月，秦始皇病死在沙丘。让他想不到的是，给长子扶苏的信，扶苏却永远看不到了。

信，被赵高扣下了。

而跟随秦始皇出巡的丞相李斯，也犹豫起来。

作为丞相，皇帝驾崩这样的重大事件，关乎帝国安危，何时宣布、如何宣布，必须十分慎重；更何况皇帝没有明确指定接班人，天下陷入了"无主"的状态，极容易引发皇子之间的争斗。

一旦处理不好，必然影响帝国安危。

皇帝去世，他就是整个出行队伍中权力最大的人。李斯决定，严密封锁消息，皇帝去世的消息，只有李斯、赵高等极少数人知道。

秦始皇躺在了棺材里，放在皇帝的车子中，车子有帷布裹着，从外面看不到里面；李斯让自己最信任的宦官亲自驾车，吃饭的时候，照常往车子里送饭，大臣们每天照常对着车子上奏国事，由车子内的宦官批阅公文。

秦始皇生性多疑，很注意隐蔽行踪、保护自己，所以这并没有引起其他大臣的怀疑。

然而重点不是这个，毕竟秦始皇已经死了，遮掩还是不遮掩，都不是最重要的；最重要的，是继承人问题。

李斯、赵高、胡亥，都知道这封信的存在。

死前写的信，就是遗诏，继承人经常是通过遗诏来确定的。临死前写那封信，意味着信里可能确定了接班人。

赵高和胡亥关系很好，胡亥如果继位，对他最为有利；扶苏一旦登基，自己恐怕就没什么前途了。最关心这封信的，就是这两个人。

赵高和胡亥鼓动丞相李斯，一块儿打开了这封信。信中的内容，果然让赵高、胡亥大惊失色。让扶苏回来办丧事，也就意味着成为继承人。

面对犹豫不定的丞相李斯，赵高说："扶苏如果继位，丞相肯定让蒙恬来当，就没你什么事儿了。"

担心失去相位的李斯，最终同意三人一起篡改遗书。可惜的是，这一举动只是让他暂时保住了丞相之位，最终却落了个惨死的结局。

两年后，他遭赵高陷害，被施以腰斩酷刑。

经过一番伪造，事情变成了这个样子：丞相李斯接到秦始皇的遗命，宣布立胡亥为太子；同时伪造了秦始皇的一封信给扶苏和蒙恬，斥责他们的罪过，责令其自杀。

遗命是可以伪造的，遗体却不好处理。

因为当时正值农历七月，天气炎热；而从沙丘到咸阳，还需要一段时日。

遗体逐渐散发出一股股臭味。为了掩盖这种气味，胡亥命令

在所有的车辆上，都装上几筐鲍鱼，好让人们分辨不出到底是哪里散发出的异味。

浩浩荡荡的皇帝车队，就这样在臭气熏天的鲍鱼臭味和尸臭味中，奔赴咸阳。

当年农历九月，秦始皇葬于骊山。胡亥正式登基，这就是秦二世。

秦二世执政只有三年。对他来说，一切还未开始，就已结束。

任何事情，都有苗头。秦二世继位后办的第一件大事，就暴露了他的残忍；第二件大事，就暴露了他的滑稽。

秦不亡，才是怪事。

【原著精摘】

七月丙寅，始皇崩于沙丘平台①。丞相斯为上崩在外，恐诸公子及天下有变，乃秘之，不发丧。棺载辒凉车②中，故幸宦者参乘③，所至上食、百官奏事如故，宦者辄从辒凉车中可其奏事。独子胡亥、赵高及所幸宦者五六人知上死。赵高故尝教胡亥书及狱律令法事，胡亥私幸之。高乃与公子胡亥、丞相斯阴谋破去始皇所封书赐公子扶苏者，而更诈为丞相斯受始皇遗诏沙丘，立子胡亥为太子。更为书赐公子扶苏、蒙恬，数以罪，其赐死。语具在《李斯传》中。行，遂从井陉抵九原。会暑，上辒车臭，乃诏从官令车载一石鲍鱼，以乱其臭。

【注释】

①沙丘平台：在沙丘行宫的平台。沙丘在今河北省平乡县。

②辒凉车：一种封闭严密又有通风设备的车子。

③参乘：即陪乘，居于车右，有警卫的职责。

【译文】

七月丙寅这一天，秦始皇在沙丘平台驾崩。丞相李斯认为，皇帝死在外面，担心皇帝的儿子以及天下百姓乘机造反，就封锁了消息，不举办丧事。他们把秦始皇的棺材装在辒凉车中，原先宠幸的宦官作陪乘，每到一处地方，和往常一样，往车里送上饭食。大臣们也和平常一样，照样上奏国事，宦官在辒凉车中（假冒皇帝）批准他们所奏的事情。只有秦始皇的儿子胡亥、赵高和五六个亲近的宦官知道皇帝已经死了。赵高曾经教胡亥学习文字和刑狱法律，胡亥私下和他很亲近。于是赵高就伙同公子胡亥、丞相李斯暗地里商量，拆开了秦始皇封好赐给公子扶苏的书信，谎称丞相李斯在沙丘接到了秦始皇的遗诏，立胡亥为太子。又另写了一封信送给公子扶苏、蒙恬，列举他们的罪状，责令他们自杀。这些事情在《李斯传》中有详细记载。胡亥等人继续前进，从井陉到了九原。正好是暑天，秦始皇的辒凉车散发出臭味，就命令随从官员装载一石鲍鱼，以掩盖秦始皇尸体发出的臭味。

指鹿为马：赵高不是犯傻

带着问题读《史记》

赵高故意把鹿说成马，目的是什么？

◎ 殉葬死灰复燃

秦二世登基后的第一件大事，就是安葬父亲秦始皇。

身为皇帝，又有很大的功绩，下葬的时候隆重一点，似乎也说得过去。但秦始皇下葬，却不是隆重不隆重的问题，而是极度的血腥和残忍。

秦始皇刚刚继位做秦王的时候，就开始给自己建造陵墓了；统一全国之后，建造陵墓的规模更加浩大，前往秦始皇陵服劳役的老百姓和奴隶，居然高达惊人的七十多万人。

要知道，当时全国的人口，也不过两三千万人！服劳役的，都是男子，全国男子一共也就一千来万人，经历了统一六国的战争之后，男子就更少了。这么算下来，全国五分之一甚至更多的男子，都到骊山，给秦始皇建坟去了。

再加上修建万里长城这个巨大工程，留在家里种地的，恐怕除了妇女，就是老弱病残了。

繁重的劳役，为秦朝灭亡，埋下了祸根。

然而，秦二世对此熟视无睹，毫不在乎，反倒在火药桶上再浇桶油、烧把火。祖宗秦献公废止了一百六十多年的殉葬制度，在他的决策下，死灰复燃。

他说："先帝的妃子，没生儿子的，按规定要放出皇宫，这个办法不好，还是让她们都殉葬吧！"

轻描淡写一句话，世间又多了不知多少冤魂。

这还不算。皇帝既然这么"喜欢"殉葬制度，下面自然就有人投其所好，以表忠心。有人对秦二世建议："光让先皇的妃子们殉葬，只是让她们在那边侍奉先帝；可是您别忘了，陵墓里埋了那么多宝贝，都是先帝喜欢的，一定要确保万无一失，不能让人偷了啊！"

接着，一个令人胆寒的建议"诞生"了：这些宝贝埋下之后，设置了重重机关，一般人破解不了；最有可能破解它们的，就是设置机关、建设墓葬的工匠，干脆让他们一起殉葬吧！

这个毫无人性的建议，秦二世同意了；在他眼中，秦始皇的妃子们都不值得珍惜，何况小小的工匠呢？

葬礼结束后，残忍的一幕出现了：工匠们依然在陵墓中，外面的人便开始封闭陵墓内的隧道；随后，陵墓外的隧道也被完全封死。工匠没有一个人能逃出来，全都成了陪葬品。

秦二世的残忍本性，在秦始皇的葬礼中暴露无遗；他办的第二件大事，则充分暴露了他的荒唐。

⊛ 优点全没有，缺点全学到

如果秦始皇地下有知，秦二世登基后的一些做法，肯定会气得他鼻子冒烟。

对秦二世，可以下这么一个结论：秦始皇的功绩、优点，他几乎一点没有；秦始皇的缺点、陋习，他几乎一样不落，全学会了。

甚至，在横征暴敛、奴役人民方面，他更加"青出于蓝而胜于蓝"。

秦始皇头一年安葬，第二年他就按捺不住，想要模仿父亲，干一件大事：全国巡游。

前面提到过，秦始皇最后一次巡游时，胡亥主动要求跟着，秦始皇答应了；没想到歪打正着，秦始皇在巡游途中去世，胡亥趁机夺取了政权，也算是天上掉下了一个大馅饼。

难道是尝到甜头了吗？

秦始皇统一全国之后，一共当了十年皇帝。这十年间，他五次巡游全国，每次巡游都要大半年甚至更长时间。可以说，他当皇帝的这十年，基本就是在巡游全国的过程中度过的。

如果只是耗费时间，导致待在都城的时间少，倒也不算什么大问题，毕竟巡游的时候跟着很多大臣，可以随时随地办公；关键是，这种巡游，太劳民伤财了。

每次出巡，秦始皇都会带上众多文武官员，以方便自己及时处理公务，车队就是一个"流动的朝廷"；保护他的车队、仪仗队浩浩荡荡，声势极其浩大。汉朝的开国皇帝刘邦和西楚霸王项羽，在造反之前，都曾经见到过秦始皇的车队，都十分羡慕，一个说"男子汉就应该这样（大丈夫当如此也）"，另一个竟说"有一天我也坐他的位子试试（彼可取而代也）"！

让这两个英雄人物如此心动，可见秦始皇仪仗队的豪华、奢侈。

车队每到一处，对当地就是一场灾难。当地政府要耗费大量钱财、人力、物力，给皇帝准备吃的、喝的、用的、玩的，有些地方还要盖行宫，耗费很大。

这些钱从哪里来？官员们不可能自己出，都是从老百姓那里搜刮来的。

所以秦始皇的巡游，益处和弊端都十分明显：益处是有助于了解全国的实际情况，弊端是劳民伤财，消耗巨大。

秦二世考虑的，完全不是"出巡可以了解全国的情况、体察民情"，而是觉得出巡特别有面子，能充分满足自己作为皇帝的虚荣心，体现自己的权威性。

于是，他和赵高商量："我年纪轻（当时才二十岁），大臣难免有的暗地里不服气；我又刚继位，天下还有不少老百姓不知道换了皇帝。以前，先帝都是通过巡行天下来威服四方，显示自己的强大。我如今都成了皇帝了，如果还是静悄悄的不出去，是不是显得太弱了？这怕是会影响到政权的稳固。"

瞧瞧，说得多么道貌岸然！明明是威胁政权的决策，在他口中摇身一变，变成了能巩固政权的英明决定。这样颠倒黑白的话，他不止说过一次两次。

赵高当初撺掇胡亥篡位，是出于私心；这种私心很重的人，在做出决策的时候，自然也不会出于公心。什么劳民伤财？他才不管。

于是，第二年春天，秦二世模仿父亲，开始了登基后第一次也是最后一次巡游，先到了浙江，然后北上，到了辽东。

在巡游过程中，和秦始皇一样，他倒是也"现场办公"，处理了一些政事。但这些"政事"是什么呢？是血腥杀戮。

毕竟自己是谋权篡位的，做贼心虚，他一直担心秦始皇的其他公子谋反，在除掉长子扶苏之后，他又痛下杀手，杀死了一批公子和大臣。

结果，导致整个贵族宗室都震惊恐慌，全国人民都震动畏惧，仿佛生活在白色恐怖之中。

可以说，在血腥残暴方面，他完全超过了他爹。

诛杀大臣、公子，如果说秦二世是为了防止他们造反，勉强还说得过去；但回到都城咸阳之后，他办的第三件大事，就纯粹属于"作死"了。

正是这件事，成了压垮秦朝这个"大骆驼"的最后一根稻草。

⊙ 致命的劝谏

这件大事，就是重新开始修建阿房宫。

　　阿房宫、秦始皇陵墓、万里长城，这是秦朝最有名的三大工程。除了万里长城目的是防范匈奴，的确有必要外，另外两个，都是为了统治阶级自己的利益而修建的。

　　这三个工程都极其浩大。即便秦朝国力强盛，也没有那么多的人力、物力、财力，来同时搞这三大工程。

　　只要稍微有点政治智慧的人，就知道同时做这三件事等于玩火自焚。

　　但秦二世敢玩。

　　阿房宫正在修建的时候，秦始皇突然去世，工程暂时停了下来，以便集中人力、物力，突击完成陵墓修建、陵寝外土层覆盖等工作。

　　七十多万劳工的精力几乎被榨尽，无数人为之丧命，总算完成了秦始皇陵这个大工程。

　　工程结束，该让人喘口气了吧？没有。秦二世下令：既然陵墓已经完工，阿房宫的建设工程，马上恢复！

　　他四月（农历）下达了继续修建阿房宫的命令，七月，陈胜、吴广就开始造反，拉开了秦末农民大起义的帷幕，真可谓"立竿见影"。

　　对秦朝残暴统治早已忍不下去的百姓，纷纷揭竿而起，响应陈胜。农民起义，顿时成了星星之火，刘邦、项梁（项羽的叔叔）等人纷纷起兵造反。

　　当年轻信赵高、拥立胡亥登基的丞相李斯，这时候大概开始

后悔了。

秦王朝的统治，已经摇摇欲坠；秦二世却依然宠信赵高，任其胡作非为、独断专行，很多决策，大臣们甚至连讨论的机会都没有。

这样下去，恐怕要完蛋！对此，李斯还是有数的。为了不和秦王朝同归于尽，他联合其他大臣，共同劝谏秦二世。

这次"致命的劝谏"，内容说得合情合理。

先给秦二世讲形势：现在各地造反的百姓，我们派出军队，消灭了很多，杀死造反者无数；可是，造反者就像韭菜一样，割了一茬又长一茬，无穷无尽。

然后说原因：之所以如此，是老百姓的徭役太多，不是少数人受不了，而是所有人都受不了、都想造反，是杀不完的。

最后提出解决的办法：皇上您只要停止修建阿房宫，百姓的徭役就会大大降低，人民觉得可以承受了，就没那么多人造反了。

这个劝谏，可以说一针见血、十分经典，说出了秦末农民起义的关键原因。

秦二世怎么回答的呢？他颠倒黑白的能力再次大爆发，啰唆了很多，核心是一句话："建筑宫殿，才能显示我们赢得了民心！"

这话简直无耻到极致了。

更无耻的是他对劝谏者的态度："把这几个大臣，全部投入监狱！"

劝谏者一共三人，两人自杀，李斯则被囚禁后处死。

李斯死了，丞相的位置空了出来，秦二世心中最合适的人选毫无疑问，就是赵高。

但赵高担任丞相后，面临着一个大问题：没人服他。为了让其他大臣服他——至少是表面上服他，他亲自导演了中国历史上罕见的一幕滑稽剧。

画外音：胡亥谋权篡位时，权力最大、能够决定胡亥成败的，是丞相李斯。李斯出于私心（他担心扶苏登基，丞相就不是自己的了），同意和赵高、胡亥一起篡改遗诏。

私心不仅没能保住他的丞相之位，最终还把命给丢了。所以人看事情，一定要眼光长远；即便出于私心、私利，也要考虑长远利益，不要只顾眼前。

不少专家认为，扶苏这个人比较仁厚，如果他做了皇帝，李斯的丞相之位可能保不住，但保住性命、保证衣食无忧，还是可能的。

可惜历史无法假设。

◎ 指鹿为马

秦二世三年的冬天，赵高如愿当上了丞相。此时，距离秦朝灭亡，已经不远了。

大概是心理素质太好的缘故，赵高对秦王朝的命运，似乎毫不担心；他只关心别人是否屈服于自己的权威，而他自己也有了

谋反之心。

有一天，赵高带了一头鹿献给秦二世，说："这是一匹马。"

秦二世笑了："丞相错了，这是鹿啊，不是马。"

赵高又问大臣："你们说，这到底是头鹿呢，还是一匹马？"大臣们有的为了讨好赵高说是马，有的默不作声，有的就说是鹿。

说是鹿的，都被赵高暗暗记了下来，找各种借口"修理"，甚至法办。大臣们从此都很畏惧他。

这就是"指鹿为马"的故事。

此时，大权在握的赵高，目标已经不仅仅是控制大臣，还包括秦二世。不久之后，他发动政变，派人杀死了秦二世。

秦二世临死之前，对杀他的人说："要不让我降级，做一个郡王怎样？"来人不许。

那可不可以做个万户侯？还是不可以。

那可不可以做个平民百姓？依然不可以。

是他让赵高羽翼日渐丰满，结局也就只有一个：死。

秦二世死后，赵高决定不再立皇帝，改立秦始皇的孙子——子婴为秦王。不料，子婴却是个厉害角色，假装生病，躲在家中不出去；赵高只好亲自去请，结果反被子婴杀死。

即便如此，子婴对秦帝国也已无力回天。他仅仅当了四十六天秦王，刘邦攻破咸阳，他成了俘虏；后来项羽进入咸阳，将其杀死。

秦帝国由此终结。

【原著精摘】

八月己亥，赵高欲为乱①，恐群臣不听②，乃先设验，持鹿献于二世，曰："马也。"二世笑曰："丞相误邪？谓鹿为马。"问左右，左右或默，或言"马"以阿顺赵高，或言"鹿"。高因阴中③诸言鹿者以法。后群臣皆畏高。

【注释】

①为乱：反叛。

②不听：不服从。

③阴中：暗中陷害。阴，暗中；中，中伤。

【译文】

八月己亥这一天，赵高想要发动政变，怕群臣不听使唤，于是预先做了一个试验。他把一头鹿献给秦二世，说："这是一匹马。"二世笑着说："丞相错了吧？把鹿说成马。"赵高问左右的大臣，大臣们有的不说话，有的故意说是马来讨好赵高，也有的人说是鹿。赵高把说成是鹿的那些人暗中记了下来，然后利用刑罚陷害他们。从此以后，大臣们都很害怕赵高。

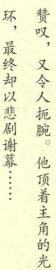

力拔山兮气盖世：项羽

项羽本纪

项羽，历史上故事最多的英雄之一。鸿门宴、霸王别姬、四面楚歌、乌江自刎……这些事件，项羽都是主角。他的一生，可谓跌宕起伏，令人赞叹，又令人扼腕。他顶着主角的光环，最终却以悲剧谢幕……

眼高手低：少年要学万人敌

带着问题读《史记》

项羽在"楚汉战争"中最终败给刘邦，原因是多方面的。你能从他小时候的表现，分析出他长大后失败的原因吗？

在上一章，说到秦王朝最后灭亡时，不知道你有没有注意一个细节：秦始皇的孙子、秦王子婴，先是被刘邦俘虏，但刘邦没有杀他；后来项羽占领咸阳，却把子婴杀了。

这个细节，很能体现项羽和刘邦两个人在性格、策略上的不同。刘邦讲究策略，很少滥杀无辜，刻意塑造自己的"忠厚长者"形象（他起兵的时候都快五十岁了，项羽才二十出头）；项羽则毫无谋略，性格残忍，动辄大开杀戒，总觉得靠自己的勇猛，就能解决一切问题。

起兵之前，两个人都见过秦始皇出巡的盛大场面，均向往不已。刘邦羡慕地说，男子汉大丈夫就该如此啊！从此，他从一个地痞无赖，慢慢转型为政治家、军事家，开始了自己从基层一直打拼成为皇帝的奋斗史，也让自己成为有史以来第一个从底层打拼起来的皇帝。

项羽则狂妄地说："我可以取而代之！"

最终的结果，我们都知道了：那个羡慕的人，通过自己的努力，最终坐上了皇帝的宝座；那个狂妄的人，眼高手低，目空一切，滥杀无辜，不讲谋略，最终自刎乌江。

为什么会出现这种情况？还是从项羽小时候的故事说起吧。

◎ 不爱读书的少年

项羽其实叫项籍，"羽"是他的字。

项羽出身于楚国的将军世家，他的爷爷，是楚国名将项燕；他的叔叔项梁，则是秦末大起义的著名领导人之一。

项羽小时候学习不认真，有点三心二意的意思。家里人先让他学文，他不爱学，没学成；于是又让他改学剑术——这应该是他喜欢的了吧？可是，也没学成。

看他这不成器的样子，叔叔项梁很生气，狠狠地骂了他一顿。项羽满不在乎，反倒振振有词：

"学文有什么用？认得自己的名字就够了！剑术嘛，学得再好，也不过能打败一两个人，都不值得学习！我要学，就学能战胜上万人（万人敌）的学问！"

项梁一听，这孩子说的也不是全无道理；而且，想学"万人敌"，志向倒是蛮远大的！

那就学兵法吧——这可是"万人敌"的学问！对于兵法，项羽还真是挺喜欢的，项梁也下了功夫，亲自教他。可是没多久，他就发现了问题：这个侄儿有点浅尝辄止，知道兵法的大体意思，就不肯继续钻研、学习了。

志向远大，是好事，也是优点；但光有志向、不肯钻研，就容易眼高手低，就容易眼中有目标、手里没办法，没有什么策略可言。

不讲究策略的表现之一，就是鲁莽行事、不考虑后果。

看到秦始皇的仪仗队后，项羽说出的那句"彼可取而代之"，就充分暴露了这一点。因为，这种说法无异于想公开谋反，一旦被官府的人听到，不仅要杀头，还要诛九族。

当时项梁也在旁边，吓得赶紧捂住项羽的嘴："不准胡说！要灭九族的！"

这种性格，给他日后的失败，埋下了伏笔。

◉ 主动起兵

秦二世元年七月，陈胜和吴广在大泽乡起义。

陈胜和吴广都是被压迫的底层士卒，因为大雨延误期限，按照秦朝法律，误期就要砍头，造反是死，不造反也是死；后来亭长刘邦押送劳工去骊山服役，中间很多劳工逃跑，将来秦政府肯定要追究责任，于是刘邦一不做二不休，也造反了。

他们造反，都有被迫的成分。

项梁带领项羽等人造反，却是一种主动行为，而且一开始就充满了血腥味。

当年九月，会稽郡的郡守，名叫殷通，忽然找到项梁，对他说："陈胜、吴广起义之后，天下大乱，秦朝的统治被推翻只是早晚的问题。晚反不如早反，我打算起兵造反，让你和桓楚担任将军！"

项梁其实早有反心。这从两个地方可以看出来。

第一，项家这个将军世家，和秦是有世仇的。秦灭楚的时候，项梁的父亲项燕（项羽的爷爷），就是被秦国大将王翦逼死的。

推翻秦朝的统治，对项梁来说，也是替父报仇。

第二，两人看见秦始皇的豪华仪仗后，项羽说了一句"彼可取而代之"之后，项梁虽然当时吓了一大跳，但后来不仅没有责备项羽，反倒对他刮目相看，觉得项羽是个"奇人"。

虽然早有反心，但造反不是别的；和别人串通谋反，风险更大——只要有一个人泄露消息，其他人都得杀头。

郡守作为秦朝政府的地方高官，忽然把自己叫来说要"合伙造反"，斗争经验丰富的项梁，是不能不长个心眼的。

造反这种事，和政府高官合作，风险太大；他究竟是利用自己，还是试探自己？项梁不能不加以警惕。

于是项梁说："您也不是不知道，桓楚已经逃亡了，别人都不知道他的行踪。不过，我的侄儿项羽，结交甚广，倒是知道他在什么地方。"

说罢,项梁起身到了外边,找到项羽,耳语一番,命他手持宝剑,在厅外等候。

"项羽来了,您可以让他进来,派他传您的命令给桓楚,好让桓楚回来。"项梁对郡守说。

"好,那就让项羽进来吧!"郡守说道。

项羽持剑进入厅堂,不多会儿,项梁对他使了个眼色,说:"动手!"

说时迟那时快,还没等郡守殷通反应过来,项羽的利剑已经刺了过来,殷通被杀死。

郡守的部下大惊失色,有人想要反击,哪里是项羽的对手!片刻之间,就有几十乃至上百人被项羽杀死。府中其他人被项羽的勇猛吓破了胆,有的跪着,有的趴着,不敢动弹。

项梁于是夺了郡守的大印,招来当地豪强、官吏,宣布起义。

◎ 放羊的王孙

项梁是个很有政治智慧的人。杀郡守,看上去突然,甚至有点莫名其妙,却体现出了他的老谋深算。

他知道,造反是一项风险极大、极其艰巨的任务,要想成功,必须获得广泛的支持。但如果自己做了出头鸟、领头人,很容易让人产生一种误解:项梁造反,目的不过是替父报仇!

这样一来,反抗暴秦这样正义的事业,就变成了他个人的私事,很难成功。于是,他先后做出了两个重要决定。

一个是起义之后，有人来找他，假传陈王（就是陈胜，当时已经很着急地称王了）的旨意，封他为将军，命令他攻击秦军。

其实，当时的起义军，很多都是各干各的，陈胜并没有指挥项梁的权力。

项梁却痛快地答应了。因为陈胜是第一个起义者，名气大，号召力强，和他联手，有助于抗秦战争取得最终胜利。

然而，连续打了几次胜仗之后，项梁却得到消息：其实陈胜已经死了，各路起义军目前群龙无首。

这时候，项梁完全可以称王，但他没有这么做；他需要一个更加正义的旗号，来给自己增添筹码。

在范增的建议下，一个流落民间、给人放羊的人，进入了他的视野。

这个人，非同寻常，因为他是一个王孙，芈姓，熊氏。

对，就是"王子王孙"的那个王孙。他的爷爷，是曾经几次和秦国干仗，最后被囚禁在秦国最终死去的楚怀王。

虽然贵为王孙，毕竟已经国破家亡，熊心能在秦朝的统治下活下来，就不错了。

项梁找到熊心，让他称王。这对熊心来说，算是天上掉下的大馅饼，又能光复祖业，何乐而不为呢？

他应该知道，自己即便去，也只是个傀儡、幌子，但他还是义无反顾地去了。

为了祖业，万死不辞。

楚国很多百姓，对当年和秦国谈判却被扣留、囚禁的楚怀王念念不忘，一直有报仇之心。项梁便让熊心继续使用楚怀王的名号，以拉拢人心。

无论是斩杀郡守殷通，还是接受陈王封赏、立熊心为王，都可以看出项梁的政治智慧。

遗憾的是，在连续取得胜利之后，他有些轻敌，打了败仗，被秦军杀死。

临死之前，如果他还有时间思考起义军的前途，一定会对侄子项羽抱以厚望。项羽的武力、勇猛，他丝毫不会担心；但他能否学到自己的谋略、智慧呢？这，恐怕是项梁最为担心的。

项羽果然表现出了杰出的军事天赋，在起义军和秦军陷入僵持之时，力挽狂澜，以少胜多，让秦兵乃至其他起义军闻风丧胆；但他几乎完全抛弃了项梁的政治策略，无论是秦始皇的孙子子婴，还是后被封为义帝的楚怀王，都成了他的刀下之鬼。

画外音：项梁很懂"枪打出头鸟"的道理，所以在起初迫不得已杀郡守起兵之后，便比较注意"名正才能言顺"的问题，接受陈王指挥，立熊心为王，都是这一策略的体现。

项羽却几乎完全放弃了叔叔的这一策略，把项梁起家的军队，一步步从"正义之师"变成了"不义之师"。这是他失败的重要原因。

【原著精摘】

居鄛人范增，年七十，素居家①，好奇计，往说项梁曰："陈胜败固当。夫秦灭六国，楚最无罪。自怀王入秦不反，楚人怜之至今，故楚南公曰'楚虽三户，亡秦必楚也'。今陈胜首事，不立楚后而自立，其势不长。今君起江东，楚蜂午之将皆争附君者，以君世世楚将，为能复立楚之后也。"于是项梁然其言，乃求楚怀王孙心民间，为人牧羊，立以为楚怀王，从民所望也。

【注释】

①素居家：一直隐居在家，即布衣。

【译文】

居鄛人范增，七十岁了，平时住在家里，喜欢研究奇谋巧计。他去游说项梁说："陈胜失败也是应该的。秦灭的六个国家中，楚国是最无辜的。楚怀王入秦后就被扣留了，楚人至今还想念他。所以楚南公说'楚虽三户，亡秦必楚'。如今陈胜首先起义，没有立楚王的后裔而自立为王，所以他也撑不了多久。现在你起兵江东，楚地的将领之所以蜂拥而来、争先恐后地归附你，是因为你们项家世代为楚将，他们都认为你能再立楚王的后人。"项梁认可他的观点，就在民间寻访，找到了楚怀王的孙子熊心，当时他在给人放羊。项梁立他为楚怀王，顺从楚地百姓的愿望。

巨鹿之战：破釜沉舟壁上观

"破釜沉舟"这个成语的主人公是谁？

破釜沉舟、作壁上观，是两个不同的成语。

它们都出现在同一次战役——巨鹿之战中。

它们不是严格意义上的反义词，却表示了两种截然不同的心态：一种是勇往直前，明知战斗凶险，决不退缩；一种则是绝不出头，龟缩防守，看着战友牺牲，却无动于衷。

从这个角度来讲，说它们是反义词，也不算错。

事情，还要从项羽抛弃了叔父的斗争方针说起。

项梁的方针，是老谋深算，不做出头鸟。

项羽的方针，是一往无前，宁可站着死，绝不坐着亡。

这种风格既造就了项羽在军事上的杰出成就，也导致了项羽的最终失败；既让人们读到了项羽的莽撞和幼稚，更让人们看到了一个敢爱敢恨、酣畅淋漓的猛将形象。

他缺点很多，却又让无数人怀念，原因正在于此——他代表了中国人的血性，却没有半点被古人玩腻了的权谋。

秦兵围巨鹿

项梁意外战败死亡，给了楚怀王（熊心）一个大好的机会。本来，他只是项梁的一个幌子、一个傀儡；项梁一死，他正好可以利用这个时机，夺取实际控制权。

所谓夺权，无非是"重用自己人"、排斥项梁手下的"老人"。

他选中了一个人，名叫宋义。

宋义这个人擅长谋略，如果让他做参谋，还是很有一套的。

在项梁出兵之前，他就发现了项梁兵败的苗头，先是提醒项梁"骄兵必败"，强秦虽然四面受敌，但凶悍的秦兵并没有遭到毁灭性打击，瘦死的骆驼比马大啊！

项梁不听。宋义又把这层担心，说给别人听。后来项梁果然失败，不少人对宋义刮目相看，认为他足智多谋。项梁一死，军队指挥的位子空了出来，楚怀王趁机把宋义封为上将军。

项羽则被封了一个有名无实的鲁公，只是次将；比宋义不知强多少倍的范增，只是末将；两人都要听从宋义的指挥。

项羽对楚怀王的不满，从这时起就已经埋下了。宋义没什么战功，只凭一张嘴，说出了对战事的判断，就成了上将军，职位居然在杀敌无数、战功卓越的项羽之上，若说他能服气，鬼都不信。

陈胜、吴广起义后，被秦国灭掉的六国贵族的后代，也趁机起兵反秦。赵国、齐国等贵族的后代，在北方起兵，呼应楚军。

项梁兵败被杀，起义军遭受重创。秦军名将章邯战胜项梁之后，便向北猛攻赵国，包围了巨鹿城。

赵国危急。楚军、齐军、燕军纷纷向巨鹿进发，解救赵王。

然而，面对凶悍的秦军，面对名将章邯，各路义军到了巨鹿，却只是远远地瞧着，挖壕沟，建壁垒，不敢出战。

其中也包括宋义带领的楚军。

此时的秦军，依然十分强悍，而且有关中作为巩固的根据地，进可攻、退可守；义军刚刚起兵，没有巩固的根据地，更没有后援，一旦失败，就只能推倒重来。

章邯并不着急。他知道，只要自己围死了赵王，其他义军多是乌合之众，各个击破，不成问题。义军中最强悍的项梁都被自己消灭了，这些人岂在话下？

而且，他使用了一种极其成熟的作战策略：围城打援，也就是一支军队负责包围敌军的城市，但不急于攻城，等待敌人的援军到来，而另一支军队埋伏在附近，负责攻击敌人的援军。

这样既能摧毁被围军队的斗志，又能消灭敌人援军的有生力量。这种战法，直到抗日战争中，还被广泛使用。

所以，章邯派大将王离带领一支部队，包围了巨鹿城；自己率领其他部队，在巨鹿以南的地方驻扎，一方面修筑道路，保证粮草运输；另一方面负责打击敌人的援军。

两支部队，互为掎（jǐ）角，就像两只大钳子，狠狠地钳进了赵国的肌肉里，令人胆寒。

义军还没交战，先被章邯这一成熟的战术布局吓坏了。他们不敢接近章邯在巨鹿南边的主力，绕到了巨鹿城北，却也不敢贸然出击。

他们很清楚，自己一出兵，虽然可以和巨鹿城里的赵兵里应外合，但章邯的部队也会迅速追赶过来，形成反包围。

既然打不过，就老老实实建好"乌龟壳"吧！楚军、燕军、齐军在城北建设了一层又一层的坚实壁垒，那样子完全不像是来进攻、解救赵王的，反倒像是来搞防守的。

双方进入了僵持状态，一转眼就是三个月。

章邯不怕。秦军有充足的补给、完善的后勤，不怕僵持。义军起兵不久，一切都还没有走上正轨，哪经得起如此消耗？

对这种龟缩战术，有人振振有词。

也有人怒了。

力挽狂澜，没有让项梁的事业毁于一旦的，正是他的侄子，项羽。

🉐 斩杀宋义

宋义因为"猜对"了项梁的结局，尾巴翘上了天。他最大的问题，是善于谋略，却不善于决断。

谋略，是观察形势、分析优劣；决断，是抓住转瞬即逝的机会，不再犹豫、思考，果断出击。只知道瞻前顾后、左思右想，却无法在

最合适的时机做出最果断的判断，是无法在瞬息万变的战场上把握战机的。

在战争的实际指挥层面，他和项羽、项梁完全不在一个档次。

长途奔袭来到巨鹿，宋义没有下令进攻，部队停在巨鹿城外，一待就是四十六天。项羽建议渡河出击，只要速战速决，赶在章邯来救援之前，和城内的赵兵里应外合，灭掉王离的军队，完全可能！

对"武夫"骨子里有点瞧不起的宋义，怎会听他的？宋义振振有词："你懂什么？我们楚军的目的，不是灭掉秦，而是连赵一块儿灭掉！他们两虎相争，我们正可以坐收渔利！就算秦军把赵军灭了，自己也会受到损失，我们那时进攻，岂不正好？"

讲了这些还不算，非要刺激一下项羽："上阵杀敌我不如你，但论谋略战术，你不如我！"

在老谋深算、经验丰富的章邯面前，宋义的这些说辞，显然只是一个美好的幻想。

时间已是冬天，又遇到大雨，别说城内赵兵，就连前来救援的楚兵，粮草也出现了问题，士兵又冷又饿。

宋义却大酒大肉，宴饮宾客，日子过得好不快活，似乎士兵的饥寒交迫，与他毫无关系。

项羽已经无法再忍。一个清晨，他来到宋义营帐，还没等宋义反应过来，已经手起刀落，将他的头颅砍了下来，同时发令楚军："宋义谋反，我奉楚怀王密令，将其斩杀！"

项羽的勇猛，军内无人不知；当年他斩杀会稽郡守殷通的时候，殷通的卫兵还企图反抗，这回，将领乃至卫兵惧怕项羽的威猛，没有人敢提出异议。

"楚怀王本来就是项梁将军立的，现在项将军斩杀作乱之人，实乃有功之臣！"有人这么说道，其他人纷纷点头、应和。

此时项羽在楚军内的权威，已非昔日。宋义不自量力，挑战项羽，实在是看不清形势。

大家推举项羽为"假上将军"——就是代理上将军，然后派人向楚怀王汇报。

楚怀王比宋义明智，一看事已至此，怪只怪自己操之过急，草率提拔了宋义，人死不能复生，那就借坡下驴吧！再说，自己这个所谓的"王"，本身就是项梁立的，总得有点感恩之心吧！

当什么"假上将军"啊，要当就当"上将军"！楚怀王一道命令，把项羽头上的"假"字去掉，项羽成了统领楚军的上将军，另外两支楚军部队，也归项羽节制。

看得出，楚怀王是一个识时务的人，他知道项羽的权威自己此时难以撼动，不如另谋机会。

画外音：宋义并不是一无是处，善谋，却不擅长决断。一味考虑各方利益、分析各方条件，不做决策，事情就难以推进。

所以一个人做决定的时候，既要考虑周全，也要有决策力，敢于拍板、做决定。盲目做决定不行，拖着一直不做决定，下不了狠心，也是不行的。

◎ 巨鹿之战

摆在项羽面前的，是章邯的两只虎钳。防止腹背受敌，是项羽必须克服的一大难题。

此战中，项羽表现出了杰出的军事天赋。

他先派出一支部队，去攻打秦军的粮道。粮道一旦被攻占，包围巨鹿的王离部队，粮草就成了问题，必然军心涣散。

随后，楚军渡过漳水，进攻包围巨鹿的秦军！

渡河后，项羽下令：所有船只，一律凿沉；做饭的锅碗，一律砸碎；所有营帐，全部烧毁；每位士兵，只带够吃三天的干粮！

这是在向士兵说明：要么胜，要么死，无路可退！

破釜沉舟，成语就出自这里。什么叫"置之死地而后生"？这就是。

只带三天干粮，则是在告诉将领：必须勇猛冲锋、速战速决！战斗拖延一天，楚军就会死无葬身之地！

项羽的战术思想十分明确：必须在章邯部队赶来救援之前，灭掉王离率领的秦军！否则，楚军腹背受敌，必死无疑！

战前动员非常有效。楚军如同猛虎下山，不要命地往前冲，九战九胜，大破王离部队。此时，前来救援赵军的义军部队，站在坚固的壁垒上观望——估计和宋义的心态一样，等着"鹬蚌相争，渔翁得利"吧！

于是，另一个成语诞生了：作壁上观。

然而，作壁上观的结局，却是让他们大惊失色、目瞪口呆。

谁见过如此勇猛、凶悍的楚军！都说秦军猛，今天见了项羽的楚军，才知道什么叫勇猛！

以一当十、势如破竹的楚军，让作壁上观的将领们惊骇万分。

没等章邯的部队回援，战斗就已经结束了。王离被俘，其他大将不是战死，就是自杀。

成了俘虏的，还有其他义军将领——他们被项羽的勇猛俘虏了，一个个战战兢兢，跪伏在地，爬着迎接项羽，再也不敢嘚瑟了。

巨鹿一战，是秦末农民战争的转折点，义军从此胜局已定。项羽也从楚国的上将军，成了所有诸侯王的上将军，成了起义军实际上的领导人。

章邯忌惮项羽的威猛，连续向南退却，加之秦二世对他的不信任和赵高的陷害，最终投降了项羽。

此时，志得意满的项羽，做出了人生中又一个残忍而愚蠢的决定：将投降的秦军士兵，总数高达二十余万，全部杀死。

项羽是个很奇怪的人，甚至可以说，他做事情不过脑子——他经常会在不该残忍的时候残忍，在不该仁慈的时候仁慈。

在冷酷无情的政治斗争中，在需要残忍一下的时候，他莫名其妙地仁慈了。这就是给后人留下无数话题、无数文章的鸿门宴。

【原著精摘】

项羽乃悉引兵渡河，皆沉船，破釜甑，烧庐舍，持三日粮，以示士卒必死，无一还心。于是至则围王离，与秦军遇，九战，

绝其甬道，大破之，杀苏角，虏王离。涉间不降楚，自烧杀。

当是时，楚兵冠诸侯。诸侯军救巨鹿下者十余壁，莫敢纵兵。及楚击秦，诸将皆从壁上观。楚战士无不一以当十，楚兵呼声动天，诸侯军无不人人惴恐。于是已破秦军，项羽召见诸侯将，入辕门，无不膝行而前，莫敢仰视。项羽由是始为诸侯上将军，诸侯皆属焉。

【译文】

项羽便率领全部士兵渡河。渡河之后，他们凿沉船只，把炊具都砸烂，烧毁营舍，每人只携带三天的口粮，用以表示决一死战，没有一个士兵打算活着回来。大军抵达后，马上围困了王离的部队，与秦军遭遇后，九战九胜，截断了秦军的甬道，大破秦军。楚军杀了秦将苏角，俘虏了王离。秦将涉间拒绝投降，自焚而死。

这时，楚兵的勇气和声威盖过各路诸侯军。诸侯军队中前来解救巨鹿之围的有十多座营垒，没有谁敢派兵出击，到楚军攻击秦军时，诸侯将领前来救赵，却不敢出战，只是都在营垒上观战。楚军战士以一当十，喊杀声震天，诸侯军人人胆战心惊。打垮了秦军后，项羽召见诸侯将领，他们进了大营辕门后，一个个用膝盖前行，不敢抬头仰视。项羽从此成了诸侯军的上将军，各路诸侯都由他指挥。

项庄舞剑：妇人之仁鸿门宴

带着问题读《史记》

鸿门宴上，项羽为什么最终没有杀掉刘邦？

对于项梁、项羽叔侄，楚怀王内心是复杂的。一方面，他感激项梁，没有他，自己不可能从一个放羊人成为楚王；另一方面，他很清楚，项梁、项羽只不过是把自己作为傀儡，而他却不甘心做一个傀儡，他渴望恢复楚国当年的辉煌。

项梁战败之后，楚怀王既忐忑又慌张：忐忑的是，项梁之死，对他未必是坏事，反倒可以名正言顺掌握实权；慌张的是，如果连世代为将的项梁都不是秦军的对手，还有谁能征服秦军呢？

这种心态之下，他做出了一个决策：先入关中者，可以称王！

很英明的决策。一方面，可以刺激将士们努力拼搏、勇往直前；另一方面，对项羽这种世代为将的贵族也是一个提醒：就算你家世代为将，能不能称王，也要看你的功绩如何！

决策起到了很好的激励效果。

对楚怀王来说，这个所谓的效果，与其说是加速了秦朝的灭亡，不如说是成功地在刘邦和项羽两大义军主力之间制造了矛盾。

毕竟，谁先入关中，不仅看实力，有时候还要看运气。

矛盾的结果，就是鸿门宴。

◉ 刘邦捡了个大便宜

项羽和刘邦，起初是一个战壕里的战友。尤其是项梁战死之后，起义军一下子失去了主心骨，人心惶惶。

章邯带领的秦军太过凶猛，照这个形势打下去，起义军好不容易占领的、以后准备当作都城的彭城，恐怕难以保住。刘邦于是和项羽商量，一同带兵东归，保卫彭城。

幸运的是，章邯战胜项梁之后，觉得楚兵不过如此，没有继续追击，而是往北进攻赵军，最终将赵王等包围在巨鹿城。

此时的刘邦和项羽，也算是"国难当头"，保住老家要紧，还顾不了争权夺利。巨鹿之战后，形势发生了根本性逆转，这哥儿俩的关系，也出现了微妙的变化。

巨鹿之战，项羽消灭了秦朝的最后两支主力军。这两支主力军，一支是当年大将蒙恬打造的边防军，曾经击败匈奴，立下赫赫战功；另一支由章邯率领，多次击溃起义军，十分凶悍。

如果不是面对如此强悍的对手，气魄超乎常人的项羽，恐怕用不着破釜沉舟，就拿下了。

项羽带兵北进，牵制、消灭了秦军的主力，刘邦就轻松多了。

他一路带兵西进，剑锋直指关中；主力被牵制、被消灭的秦朝将领，没做什么大规模的抵抗，纷纷投降刘邦的部队。

刘邦进了函谷关，攻下咸阳，秦王子婴投降，秦亡。刘邦与饱受秦朝苛刻法律之苦的百姓"约法三章"，大受关中人民欢迎。看来，他的确是拿着楚怀王的鸡毛当令箭，把"先入关者为王"当真了。

如果只是心里这么想还好说，毕竟好事儿谁都会想；可刘邦不明智的一点在于，他居然派兵驻守在函谷关，阻止项羽入关。

这下，项羽火大了。

◎ 告密的小人

楚怀王规定"先入关者为王"，在项羽看来，只是画饼充饥，毕竟称不称王，实力说了算。但无论如何，楚怀王毕竟是名义上的领导，你若是公开和他对着干，道理上也很难说得过去。

何况，项羽没当真，其他将领却会拿楚怀王的命令当真啊！

这时候，项羽对楚怀王就有股火。但他很自信，论实力，第一个入关的肯定是自己；但战争偏偏还要论运气，自己用实力消灭秦军主力，恰恰给了刘邦运气。

刘邦没等项羽，擅自入关，在项羽眼中，已经够杀头的了，居然还敢在函谷关派兵阻拦！项羽火冒三丈，派人吼了几嗓子，守卫函谷关的将士被项羽吓破了胆；没怎么费劲，就攻破了固若金汤的函谷关。

这时候的项羽，足以令任何一支军队闻风丧胆。

这下，刘邦麻烦大了。屋漏偏逢连夜雨，一些见风使舵的人，一看项羽大军来了，知道刘邦不是对手，开始吃里爬外。

有个人叫曹无伤，是刘邦的左司马（官名），暗中派人向项羽打小报告：

"大王您要警惕沛公（刘邦）啊，他要任用秦王子婴为丞相，在关中称王呢！秦王室的所有珍宝，都被他惦记上了！"

曹无伤的密报，则是火上浇油，进一步坚定了项羽杀死刘邦的决心——其实即便没有这份密报，他也不会放过刘邦的。

密报的结果，让他有了一个更正当的理由；但对曹无伤，他是极其不屑，甚至痛恨的。

所以曹无伤这个小人，讨好项羽的结果，是项大将军随口就把他给出卖了。

小人走到哪里都不受待见。

项羽下令，第二天一早，大军饱餐一顿，进攻刘邦！

此时，项羽驻军在鸿门，兵力四十万；刘邦驻军灞上，兵力十万。真打起来，刘邦恐怕小命不保。

这道命令，让项羽的另一个叔父项伯，大为担心。他担心的倒不是刘邦，而是自己的好友、刘邦手下的谋士——张良。

项伯连夜来到灞上，将消息通报给张良，让他赶快逃走，以免成为炮灰。张良却把消息汇报给了刘邦。

刘邦差点吓尿了，都怪那个死书生，非让老子派兵驻守函谷关、阻拦项羽，这下麻烦大了！

事到如今，如何是好？刘邦眼巴巴地看着张良，张良说："只能求求项伯，看看他有没有办法了。"

于是刘邦秘密会见项伯，又是敬酒，又是嫁闺女的，就差下跪了。他说了一通表忠心的话："我怎么敢称王呢？我日思夜想，等着项将军来呢！宝贝财物，全都封好，等将军来查验；派兵驻守函谷关，是为了防盗贼窜入，怎么敢防将军呢？求求你，给我在项将军面前说点好话！"

鸿门宴上，刘邦手下大将樊哙（kuài），也说过类似的话，看来他们提前通过气了。

项伯答应了，同时提醒刘邦："明天一大早，务必前来，向项王谢罪！"

项伯连夜赶回鸿门后，还是有些担心：万一项羽见了刘邦，二话不说，直接把他杀了咋办？这种事，侄子不是干不出来。于是，他决定先给项羽打打"预防针"，劝说了项羽一番："刘邦先入关，然后把关中送给咱，算是大功一件，怎么能杀功臣呢？"

项羽点头，表示默许。

第二天一早，名垂青史的鸿门宴，正式开局。

项庄舞剑，意在沛公

见了项羽，除了谢罪、表忠心之外，刘邦在鸿门宴上体现了高超的政治水平："咱俩关系这么好，一条战壕里的患难兄弟，您怎么能轻信小人的话呢？"

这话一下子戳到了项羽的心坎上，他最痛恨这种吃里爬外的小人，大大咧咧地把小人出卖了："都是你小子用人无方，用了曹无伤这种人。如果不是他，我何至于如此？"

这话一出，项羽的谋士范增就急眼了，这个项羽，也太没城府了！他多次在项羽面前唠叨，说刘邦这人必须杀掉，以免后患；昨天都已经下令准备除掉刘邦了，没想到睡了一觉，就"变了天"！

也好，既然你刘邦自投罗网，那就别怪我不客气了！

但项羽的表现，却让他大为意外。怎么这家伙变脸变得这么快，昨天还一脸杀气，今天就一脸仁慈？

不行，必须暗示项羽，斩立决！他手握身上佩戴的玉玦，"玦"和"决"同音，向项羽暗示，赶快处决了此人！怕项羽不明白，他拿着玉玦的手，还做砍杀状。

项羽是个聪明人，哪能看不出？可是，他毫无反应，假装看不见。

看来，光提建议是不行了。范增一狠心，决定擅自动手，杀了刘邦。

他很清楚，没得到项羽的同意，就杀掉刘邦，属于越权，将来肯定要承担责任；但事到如今，顾不了许多了——一旦让刘邦逃脱，恐怕今后再也没有机会了！

豁出去了！他出了营帐，找到项庄，命令他用给宾客表演舞剑的名义，刺杀刘邦！项庄自然知道擅杀刘邦的后果，但有老臣范增撑腰，还有什么好怕的！

于是项庄进入宴会厅，请求舞剑，项羽同意。剑影闪烁，直逼沛公刘邦。

项伯一看大事不好，连忙说："单人舞不如双人舞，咱俩来个双人舞吧！"于是上前与项庄共同舞剑，保护沛公。

"项庄舞剑，意在沛公"这个成语，出处就是这里。

◎ 逃离鸿门宴

宴会上刀光剑影，危机四伏，说不定什么时候项羽一动摇，就会杀了刘邦。

张良见形势危急，出去找到刘邦手下猛将樊哙，告诉他沛公危险，让他进去搅和一番。

项庄和项伯舞得起劲，只要舞剑不中断，项伯稍有不慎，刘邦就有被杀的可能；所以必须让人进去搅局，让舞剑无法进行下去。

> **画外音：**不得不说，张良的确是个人才。很多人面对出现的问题，就一个字：等。很多时候，机会就这么被"等"死了。尤其这种危机四伏的局面，机会稍纵即逝，杀机转瞬就来，就跟军队打仗一样，一不小心陷入被动，就会节节失利，再强的军队也会瞬间崩溃。因为，恐怖的心理、情绪，是会迅速传染、蔓延的。
>
> 被动没有活路，主动出击，才有机会。给正在舞剑的项庄制造意外，让他不得不停手，是一个相当高超的手段。

樊哙，屠夫出身，战斗中身先士卒，斩首无数，出了名的不要命。死都不怕，还怕什么项王？

他带着宝剑，手持盾牌，撞开阻拦他的门卫，闯入大帐！

樊哙毛发直竖，瞪大了眼睛，愤怒地盯着项王。

项羽喝道："来者何人？"

张良道："沛公护卫，樊哙是也！"

有人持剑带盾意外闯入，吸引了众人的视线，项庄的"剑之舞"只好停了下来。

项羽此时，其实无意杀死刘邦。因为他最初之所以痛恨刘邦，就是因为他先入关后，企图独立称王。如今，刘邦表示归服，关中沃土，已经属于自己了，还杀他干什么？

只能说，项羽没有远见，他不知道刘邦内心会跟灰太狼一样暗暗地说："我一定会回来的！"

范增有远见、有谋略，知道刘邦必成大患；但当前的局面，他实在已经落了下风，因为自作主张企图让项庄暗杀刘邦，引发了项羽的不满："我项王还没下命令，你范增有什么权力杀人？"

此时樊哙进来，恰好给了项羽一个机会。

樊哙大大咧咧一通说辞，无非是再次替刘邦表忠心，言语咄咄逼人，反倒让项羽无话可说了。

刘邦见情势略有舒缓，连忙起身，装作外出方便；几个人略一碰头，感觉此地不可久留，便留下张良，让他替刘邦给项羽进献礼物，然后自己脚底抹油——溜了。

范增杀刘邦的计划，就此破产。

鸿门宴，无疑是刘邦的一次胜利，本来有可能被项羽剿灭的刘邦，通过鸿门宴，成功地达成和解，避免了被吃掉的局面，算是有惊无险。

老臣范增，已是无力回天，怒斥项羽"妇人之仁"，哀叹"我们终究要成为刘邦的俘虏了！"

他把刘邦送给他的礼物，摔了个粉碎。

而刘邦，回到营帐后，第一件事，就是杀了曹无伤。

【原著精摘】

范增数目项王，举所佩玉玦①以示之者三，项王默然不应。范增起，出召项庄，谓曰："君王为人不忍，若入前为寿，寿毕，请以剑舞，因击沛公于坐，杀之。不者②，若属皆且为所虏。"庄则入为寿。寿毕，曰："君王与沛公饮，军中无以为乐，请以剑舞。"项王曰："诺。"项庄拔剑起舞，项伯亦拔剑起舞，常以身翼蔽③沛公，庄不得击。于是张良至军门，见樊哙。樊哙曰："今日之事何如？"良曰："甚急。今者项庄拔剑舞，其意常在沛公也。"哙曰："此迫矣，臣请入，与之同命。"哙即带剑拥盾入军门。交戟之卫士欲止不内，樊哙侧其盾以撞，卫士仆地，哙遂入，披帷西向立，瞋目视项王，头发上指，目眦尽裂。

【注释】

①玉玦：一种半圆形的玉器。玦与"决"谐音，范增以此示意项羽，赶快决断，杀死刘邦。

②不者：否则。"不"在此处读"否"。

③翼蔽：像鸟翼一样遮住、掩护。

【译文】

范增多次向项王使眼色，并再三举起玉玦向项王示意，项王却一点反应也没有。范增只好起身出去，找到项庄，对他说："项王为人，心肠太软。你进营帐，上前祝酒，祝酒之后，请求舞剑，乘机在座上刺杀沛公。要不然，你们这些人都会成为他的俘虏！"项庄便进去祝酒，然后说道："君王和沛公饮酒，部队里没什么可供娱乐的，请允许我给大家舞剑助兴吧！"项王说："好。"项庄于是拔剑起舞。项伯见状，也拔剑起舞，经常用身体掩护沛公，让项庄找不到刺杀沛公的机会。张良连忙出了营帐，来到军门，看见了樊哙。樊哙说："事情怎么样了？"张良说："太危险了！项庄现在正在舞剑，目的却在沛公身上。"樊哙说："这可太紧急了！还是让我进去，与沛公同生同死！"樊哙立即带着剑，手持盾牌，进入军门。手持武器的卫士阻拦不让进，樊哙侧过他的盾牌猛撞，卫士栽倒在地，樊哙趁机进去了，分开帷帐，向西而立，怒目圆睁，盯着项王，只见他头发竖了起来，眼眶都要瞪裂了。

楚河汉界：一道鸿沟分两岸

项羽想和刘邦单挑，用两人决斗的方式解决楚汉争端，你觉得刘邦会答应吗？为什么？

一错再错，天下又乱了！

楚怀王当初说"先入关中者为王"的时候，没有人当真，包括项羽。因为当时秦将章邯刚刚灭掉项梁，又北上包围巨鹿，赵王带领的起义军岌岌可危，面对咄咄逼人的秦军，没有人真的会认为起义军能杀入关中、占领咸阳——包括刘邦。

没想到，刘邦还真做成了。

刘邦鸿门宴化解了危机，让项羽释放了怒气；但项羽对当初做出决策的楚怀王，依然余怒未消。他把楚怀王的尊号改为"义帝"，意思就是"名义上的帝王"，相当于"名誉主席"之类的，晾在那儿了。

其实楚怀王也是没有自知之明，看不清形势。灭秦，项羽是毫无疑问的第一功臣，军权在握，雄霸天下；"怀王"本来就是个虚职，就算项梁死了，掌权的也很难轮到你呀！

项羽派人去请示他，其实是暗示他："先入关中者为王"的规定，是不是该改改，让我项羽为王？

没想到楚怀王还挺犟，说："按原来的规定办。"这下可好，项羽把火全撒他身上了，尊其为义帝不说，后来干脆将他杀了。

杀死义帝，是项羽犯的一大错误。但从政治斗争的角度而言，他进一步架空楚怀王，还算是正确的。

但入关之后，数来数去，他做对的事情，也就只有这一件了。占领咸阳，灭了秦朝，他的错误不是一个两个，而是问题成堆：

第一，杀死了秦王子婴。子婴投降，刘邦没杀他，赢得了仁慈的名声；项羽杀他，显得不义。

第二，火烧秦朝宫室，大火三月不熄。有人说，项羽搞的这次破坏，其危害超过了秦始皇的焚书坑儒。

第三，关中地势险要、资源丰富，秦末战争主要在中原一带打，关中的人口、资源都没受到大的损失，是建立首都的好地方（后来刘邦建都选择关中，原因就在于此），项羽却放弃了，非要回老家彭城——那儿一片平原，无险可守，很容易被人灭掉。

第四，没有继承秦朝的郡县制，而改为分封制，分封诸王，自封西楚霸王，事实上诸侯王没几个听他指挥的，他带兵东归后，诸王纷纷反叛，天下重新大乱。也就是说，他根本没完成统一这个任务。

按照楚怀王的约定，刘邦应当在关中为王，项羽偏不，把刘邦分封到了汉中、巴蜀一带，封汉王；关中分给了秦朝的三个降将。关中子弟外出当兵征讨起义军，几十万人被坑杀，就是这三个降将带的兵，关中百姓对他们恨之入骨。所以后来刘邦从汉中再次杀入关中的时候，老百姓纷纷响应，没费什么力气，他就重新占领了关中。

分封之后不久，齐王在今天的山东一带闹腾，项羽火了，亲自带兵北上征讨。可是，摁下葫芦瓢又起，他在山东忙活，汉中的刘邦趁机明修栈道、暗度陈仓，占了关中不说，还挥师东进，正面和项羽的楚军抢食儿。

历时四年的楚汉之争，拉开了帷幕。

◉ 吃着吃着，菜换了！

如果加上杀死义帝，灭秦后的项羽，至少犯了五大错误。但这些错误，并不致命。

因为，这个威震天下、傲视群雄的西楚霸王，灭秦时只有二十七岁！二十七岁在今天，很多人还是"啃老"和被逼婚的年纪，项羽已经功成名就，达到无人可以企及的人生高度了。

犯了错误，完全可以重来。遗憾的是，此时的他，犯了人生中最严重的一个错误：疏远范增。

鸿门宴上，范增未能杀死刘邦，一直耿耿于怀；此后，他多次劝项羽警惕刘邦、重点打击汉军，搞得刘邦狼狈不堪。于是，刘邦采用谋士陈平的计谋，决定使用"离间计"。

有一次，项羽派使者，来到了刘邦的军营。刘邦让人安排美酒佳肴、山珍海味，盛情款待。一切都很和谐。

使者挺高兴，可是刚吃了几口，一个人端着一盘好菜进来，仔细看了一下使者，惊讶地说："哎呀，我还以为是亚父范增的使者，没想到原来是项王的。"

接下来的一幕，把使者的鼻子都气歪了：只见那人下令，把美酒佳肴全部撤走，改成了粗茶淡饭！

也太不给面子了！使者自尊心受到了极大伤害，回去就给项羽打小报告，把事情的经过添油加醋叙述一番。

项羽由此怀疑范增和刘邦暗中勾结，开始剥夺范增的权力。

范增大怒。这是一个很低级的离间计，稍微有点脑子的人，就不会上当：如果范增和刘邦有勾结，鸿门宴上为何一定要置刘邦于死地？

但项羽就是上当了。范增愤而要求退休，在回老家的路上去世了。

范增一死，项羽的覆灭，就不可避免了。

此前，刘邦趁项羽北上伐齐的机会，一路东进，占了项羽的老家彭城；但项羽带兵反击，很快把刘邦杀得大败，不少见风使舵的诸侯一看汉军失败的惨状，开始背叛刘邦、投靠项羽。总体上，项羽局面占优。

范增之死，几乎可以看作楚汉之争的一个转折点。此后，

形势由楚军占优，转为拉锯战，然后开始汉军占优，直到项羽一败涂地。

◎ 烹吧烹吧，别忘分我一杯羹！

汉高帝三年，项羽三十岁。失去了七十多岁的范增的护佑，他的作为，越来越不像一个统帅，越来越孩子气。

孩子气的表现之一，是他开始使用一些无赖手段对付刘邦。没想到，比无赖，他还嫩了点儿，刘邦比他更无赖。

在一次战斗过后，楚军抓住了刘邦的老爹刘太公和老婆吕雉。这倒是个不小的收获。项羽把刘邦的家属扣留下来，楚汉战争一共打了四年，刘太公和吕雉就被扣了两年多，好几次差点被项羽给杀了。

项羽性情豪爽，打仗喜欢痛痛快快、大干一场；刘邦偏偏处处骚扰，黏黏糊糊，让项羽不胜其烦。为了逼迫刘邦赶快投降、结束战事，他命人做了一个高腿的砧板，腿的高度足以让对面的汉军将士看到。

然后，让人把刘太公放了上去，让人告诉刘邦：你要是再不投降，我就把你爹给煮了！

没多久，刘邦回话了——差点没把项羽给气死。他说：

"弟弟啊，你忘了吗，当年咱俩都是楚怀王的臣子，楚怀王说，你俩从此就是兄弟了！所以，咱们是哥儿俩啊！煮我爹，就是煮你爹；如果你一定要煮了你爹，别忘了分我一杯汤喝！"

项羽火冒三丈，拔剑就要杀刘太公，还好项伯把他给劝下了。

对斗争似乎失去了耐心的项羽，一计不成，又生一计——可惜他的计，总是那么孩子气。

他又派人对刘邦说，咱俩打仗，天下人受苦，兵荒马乱的，老百姓的日子不好过；不如这样吧，反正是咱俩的事儿，咱俩单挑，别拖累百姓了，行不？

听上去倒是一片好心。如果战争都能这么解决，那可真就天下太平了。

刘邦一听，当时就呵呵了："你小子当我傻呀？你力拔山兮气盖世，力能举鼎、力可杀虎，瞪瞪眼就把人吓得直哆嗦，我和你单挑？做美梦去吧！"

于是回话，轻轻地嘲弄了项羽一下："我这个人啊，宁肯斗智，不肯斗力。"

意思是说，我智商比你高，你就是"四肢发达、头脑简单"的人。

又把项羽气得够呛。

> **画外音：**项羽，顶天立地英雄汉，却也是一个幼稚的政治家。
>
> 因为幼稚，有些地方表现得就比较单纯，比如他建议和刘邦单挑、免天下人受苦。这样的建议，有点城府的政客，是不可能提出来的；能提出这种建议的，只有项羽了。
>
> 现代社会也有"奥运期间休战"的传统，但没有多少政客当真。无论项羽提出这个建议，是出于玩弄计谋，还是真心考虑百姓，都为他的性格抹上了浓重一笔。
>
> 很多人怀念项羽、喜爱项羽，不是因为他的显赫战功，而是因为他的性情。

形势对项羽越来越不利，投靠刘邦的诸侯王彭越，攻占了梁地，屡屡打击楚军的粮草运输队，导致楚军的粮食供应出现了问题；刘邦的另一个著名合伙人韩信，带兵攻占了赵地、齐地。他的地盘、军力，可以和刘邦、项羽分庭抗礼了。

如果韩信、彭越和刘邦能够劲往一处使，会形成一个大的包围圈，项羽就危险了。

好在韩信有些不服管理，自立为齐王，没怎么把汉王刘邦放在眼里，这个包围圈一时半会儿还围不成。

形不成包围，项羽带兵打仗又太厉害，他往东攻彭越，彭越的手下闻风丧胆；刘邦只好指挥西边的汉军出击，大败楚军，逼迫项羽回来救援；项羽一回来，西边的汉军又吓破了胆，撒丫子就跑。

刘邦犯难了："这仗怎么打？项羽跑到哪边，哪边的汉军就尿裤子。"

项羽也犯难："这仗怎么打？光靠我一个人左冲右突，杀了这边顾不上那边，拆了东墙补不了西墙，整天疲于奔命，也不是个法子啊！"

两人很默契地都不想打了。

刘邦的老爹、老婆还在项羽手里呢，这也是个好借口。他派人去见项羽，假装很孝顺的样子，说："你把我爹放了，咱们不打了吧！"

项羽整天顾东顾不了西，也累得够呛，部队人困马乏，粮草还缺乏，正好顺水推舟，把刘太公和吕雉等人送回，双方订立和约：以一条名叫"鸿沟"的古运河为界，西边是汉地，东边是楚地，仗，咱就不打了！

这个和约，其实项羽输了。如果范增在，双方也会订立和约，毕竟楚军粮草匮乏，局面不利，议和是很好的缓兵之计；但他一定不会同意放了刘太公和吕雉。

政治家不是一般人。刘邦当初之所以一脸无赖相，说"分我

一杯羹"，目的就是刺激项羽、杀了刘太公。杀了他，一了百了，项羽手中再也没什么筹码；刘太公留在项羽军营，刘邦如果不去解救，或者不顾他的安危攻打楚军，道义上就会受到谴责。

刘邦无所谓，他的性格本身就很无赖，满不在乎；但他的谋士、将领、士兵不可能不在乎，一旦不小心误伤了刘太公，刘邦追究起来，就是死路一条！

所以，此时的刘太公，是项羽手中一个极其重要的筹码。项羽却看不到他的价值，既然刘邦以此为条件议和，那就同意吧！

他可是近乎"无条件同意"！

这个看似没什么玄机的和平协议，让刘邦手下精明的谋士嗅到了可乘之机：项羽政治上如此幼稚，此时不乘胜追击，更待何时！

【原著精摘】

楚汉久相持未决，丁壮苦军旅，老弱罢转漕①。项王谓汉王曰："天下匈匈②数岁者，徒以吾两人耳，愿与汉王挑战决雌雄，毋徒苦天下之民父子为也。"汉王笑谢曰："吾宁斗智，不能斗力。"项王令壮士出挑战。汉有善骑射者楼烦③，楚挑战三合，楼烦辄射杀之。项王大怒，乃自被甲持戟挑战。楼烦欲射之，项王瞋目叱之，楼烦目不敢视，手不敢发，遂走还入壁，不敢复出。汉王使人间问④之，乃项王也。汉王大惊。

【注释】

①罢转漕：即疲于转运粮草。罢，读"疲"；转，车载；漕，船运。

②匈匈：兵荒马乱的样子。

③楼烦：古代北方部族名，善骑射。此处指楼烦射手。

④间问：暗中打听。

【译文】

楚、汉两军相持不下，无法决出胜负。在连年战争的拖累下，年轻力壮的男丁们，苦于行军作战；那些老弱病残，则忙于给部队运输给养而疲惫不堪。项王于是对汉王说："这几年来，天下动荡不安、兵荒马乱，都是因为我们两个人的缘故。我愿意单独向你挑战，一决雌雄！不要因为我们两个人，让天下百姓受苦！"汉王笑着拒绝说："我宁愿斗智，不愿斗力。"项王命令壮士出去挑战。汉军有个擅长骑马射箭的楼烦人，楚军派将士挑战三次，都被楼烦人射死了。项王大怒，亲自披上盔甲，手持大戟，出来挑战。楼烦人刚要用箭射他，项王怒目圆睁，大声呵斥，楼烦人被吓得眼不敢正视项王，手不敢发箭，一溜烟地跑回营垒，不敢再出来。汉王派人问他，才知道挑战的原来是项王。汉王大为震惊。

四面楚歌：战垓下霸王别姬

带着问题读《史记》

彭越和韩信，虽然名义上属于刘邦管理，但都有点"合伙人"性质，这两人占据了今天河北、山东的大部分，河南的一部分之后，他俩倒向项羽，项羽赢；他俩倒向刘邦，刘邦赢。那么问题来了：

张良和陈平给刘邦出了一个什么计策，让彭越、韩信痛痛快快地听从指挥，合力打击项羽了呢？

◎ 鸿沟绝非天险，协议瞬间撕烂

现代人常常用"鸿沟"表示难以逾越的东西。但真实的鸿沟，恰恰相反，无论对刘邦还是对项羽，都毫无约束力，协议可以撕毁，鸿沟可以跨越。

决定谁来撕毁协议的，是实力。

现在，刘邦在西方虎视眈眈，后面有富饶的关中，源源不断地向部队供给粮食和兵源；彭越在项羽的背后骚扰，对其后勤补给构成巨大威胁；北方、东方，韩信已经占领了今天的河北、山东。

项羽盘踞在今天的安徽、江苏一带，在今天的河南一带东奔西窜，两线作战，士兵疲惫不堪，粮草供应不足，后方大本营彭城，也因连续多年战乱，粮草和兵源补给都很困难。

论实力，刘邦已经明显占优。

不过，刘邦的韬略还是差了点。看到项羽带兵东归，他也卷起了铺盖卷，打算按照和平协议，带着老婆和老爹，回关中过"三亩地，两头牛，老婆孩子热炕头"的温暖日子。

刘邦真心不愿意打仗了，自己都五十多岁了，仗打到今天，从起兵开始到如今，已经整整八年。项羽这么年轻力壮的小伙子都打累了，他个半大老头子，岂不更累？

如果他真的回了关中，给了项羽喘息的时间，那么，几乎可以肯定，楚汉之间的战争，又会像战国时代一样，混乱不堪至少几十年。

所幸，张良和陈平劝住了他："大王，不能往回走！如今我军局面明显占优，项羽人困马乏、粮草不足，如若不一鼓作气、全歼楚军，将来后悔也晚了！"

刘邦如梦初醒："若不是你俩提醒，我差点误了大事！当初就是因为家属被项羽劫持，投鼠忌器，如今老爹、老婆都回来了，我已无所顾忌，干吗还放过项羽？"

于是，一声令下：撕毁协议，追击项羽！

同时命令彭越、韩信，约好时间，一同出击，包围项羽！

刘邦重新昂扬起了斗志，准备大干一番，现实却给他浇了两盆凉水。

◎ 先把蛋糕分好，员工才有动力

这两盆凉水，一盆浇在了头上，一盆浇在了心里。

头上这一盆，是项羽浇的。刘邦引兵东进，没想到已经退却的项羽依然是虎狼之师，在固陵这个地方，大败汉军。刘邦很是郁闷，看来"瘦死的骆驼比马大"这个俗语，的确是有道理的。

项羽的军队就算疲惫不堪，也是一群饿瘦了的虎狼啊！

还是自己原来的招数稳妥：招呼韩信、彭越一块儿包围项羽！

可韩信、彭越却给他浇了另一盆凉水，让他心里哇凉哇凉的。约好了时间、方向，共同进攻项羽，这俩兄弟却有了异心，根本没来。

他俩很清楚，项羽和刘邦，实力差不多，咱投靠哪边，哪边准赢。尤其是韩信，攻下山东之后，就急不可耐地自封齐王了。

刘邦是汉王，韩信是齐王，表面看，属于平级。咱俩都是王，我凭什么听你的？

唉，亲兄弟也会有利益之争啊。

刘邦急得抓耳挠腮没办法，一方面挖壕沟，建壁垒，抵挡项羽，一方面找来谋士张良，让他出出主意。

其实主意张良早就有了。但如果刘邦不着急，这办法你说了也没用：那就是把"蛋糕"分给韩信、彭越，让他俩也吃点。

如果刘邦顺风顺水，一路打得项羽屁滚尿流的，你让他把"蛋糕"分出去，那不是找死吗？

刘邦着急了，张良才会出这个主意："这个好办啊，韩信、彭越之所以不来，是因为他们没分到'蛋糕'，打下天下来，'蛋糕'都是你一个人的，他俩怎么会替你卖命呢？你只要许诺，将来打下天下，'蛋糕'大家一起分，他俩立马就来了！"

对他们来说，"蛋糕"就是土地。

好！刘邦一狠心，让人传话："将来打下天下，和你们共分！"

张良这一计，给了项羽致命一击。

彭越、韩信麻利地从北方夹击项羽，楚军腹背受敌，迅速溃败。项羽，终于来到了"四面楚歌"的诞生地——垓（gāi）下（今安徽灵璧县境内）。

◎ 四面楚歌声，霸王泣别姬

四面楚歌、霸王别姬，这两个著名的典故都诞生在垓下。

在这里，项羽和刘邦展开了最后的决战。

楚军被汉军重重围困，杀退一层，又是一层，仿佛无穷无尽。项羽一时无法突围，只好命人构筑营垒，坚守垓下。

粮食即将吃完，兵力已经不多，入夜，汉军营内，忽然四面八方都传来了楚歌声——也就是楚地的歌曲。

项羽大惊失色："难道汉军已经把楚地全占了吗？怎么这么多楚人？"此时，他深深感受到了自己"力拔山兮"却回天无力的悲凉。

他起身，来到营帐中饮酒。他不怕死，却又怕死；他怕的不是自己死，而是自己死了，心爱之物无处安放。

他有两个挚爱：

一个，是他的红颜知己、美颜娇妾，名叫虞姬。无论战斗如何残酷，虞姬一直跟在身边。

一个，是他的追风宝马，跟他驰骋千里，纵横疆场，杀敌无数，名叫乌骓（zhuī）。

自己死不足惜，虞姬何人照看、流落何处？追风宝马，是挥泪相别，还是共赴黄泉？

想到此处，项羽百感交集，黯然泣下，泪不能止，吟唱道：

力拔山兮气盖世，

时不利兮骓不逝。

骓不逝兮可奈何，

虞兮虞兮奈若何！

此诗名为《垓下歌》，大约是项羽留给后人的唯一一首诗歌。

虞姬早已出来，哭不能止，作诗应和：

汉兵已略地，

四方楚歌声。

大王意气尽，

贱妾何聊生！

大帐内一片肃穆，卫兵都在无声地哭泣，没有人抬头，没有人仰视。

传说虞姬随后自杀了。她在历史长河中，只在此处出场，流星般转瞬即逝，却又震撼无比。

虞姬已死，再无牵挂，项羽披甲持戟，跨上追风宝马，宁可站着死，绝不坐着亡；宁可向前死，绝不后退生！

项羽下令："出击！"

◎ 最后一战，气冲霄汉！

项羽政治上如此幼稚，为何却让人如此震撼？

因为他铁骨柔情，因为他气冲霄汉。

别虞姬，他"泣下数行"，无声而泣；面对必死绝境，他谈笑自若、从容赴死，那种从容的气魄，让汉将看都不敢看他一眼！

项羽再落魄，也是战神。重重包围之下，他一马当先，带领八百多人突出重围，汉军一片混乱，直到天亮，才知道冲出去的居然是项羽！

刘邦急令大将灌婴带领五千骑兵，火速追击！

垓下就在淮水附近，项羽率军渡河，过了淮水，只剩一百来人。

一路往南，途中迷失方向，误入沼泽，行动缓慢，汉军因此追上了项羽。项羽往东奔走，到了一个叫东城的地方，身边只剩下二十八名骑兵。

无妨！

在项羽眼中，二十八壮士，也是虎狼之师！

他做了人生最后一次战前动员：

"兄弟们！我项羽起兵，至今已经八年，身经七十余战，谁敢挡我，我就灭谁；我要攻谁，谁就败亡！一生从未打过败仗，所以才叫西楚霸王！今天，我被困于此，这是天要亡我，非我之过（不是我的错）！今天固然是死，但死之前，我要和汉军做最后一战！你们仔细看！我一定连胜汉军三次，为你们突破重围！斩汉将！砍汉旗！我要让你们记住：是天要亡我，非我之过！"

——这就是项羽，死不认错，却气冲霄汉！

汉军五千骑兵，将二十八壮士团团围住。项羽将二十八人分为四队，从四个方向飞驰而下，冲出重围，在山的东面分三处集合。

项羽一马当先，势不可当，汉军被冲击，如同收割机割草一般倒下。项羽斩杀汉军一将！

另一汉军大将，从背后追击项羽，项羽发现，回头暴喝一声，怒目而视，汉将人马都受到惊吓，战马连退好几里，拦都拦不住！

项羽部队顺利抵达三处集合地点，清点部队，二十八壮士，只损失了两名。

◎ 谈笑自若间，自刎乌江畔！

项羽带着最后的二十六名壮士，继续前行，来到了乌江西岸。过了江，就回到江东老家了。

然而，他无颜见江东父老。人生最后的慷慨悲歌，在此上演，他却那么镇定自若。

乌江有个亭长，找来一条船，对项羽说：

"大王啊，江东虽小，地方却也有千里，民众数十万，完全可以东山再起啊！大王赶快上船，此地只有我这儿有船，您只要上了船，汉军就没法追你了！"

项羽居然笑了。

堪称惊心动魄的一笑！

他笑着说："是老天要亡我，我渡江过去，又有什么用？想当年，我带八千江东子弟，和他们同甘共苦、同生共死；现如今，江东子弟却没有一个人能回去，只剩我一人渡江而归，即便父老兄弟爱我、怜我，拥我为王，我还有什么脸面再见江东父老？"

项羽把缰绳递给亭长："这匹追风宝马，跟我五年了，和我出生入死，日行千里，所向披靡。我不忍杀它，赐给你吧！"

背靠大江，已是绝地。

项羽让众人下马，手持短兵器，做最后一搏。宁可战死，绝不贪生！

汉军转眼即到。

项王绝地反击，锐不可当，斩杀汉军数百人！

他自己，也身受重创。

拼杀之间，他一回头，看到了老朋友。这个人是汉军的一个将官，名叫吕马童。

项王说道：

"哟，这不是我的老朋友吗？"

吕马童被项羽视死如归的气魄镇住，不敢和项羽对视，只好指指项羽，对身边的将官说："这就是项王。"

项羽又说道："我知道汉王悬赏要我的人头，听说还很值钱，能值一千黄金，封一万户。既然咱们是老朋友，我这颗人头，就送给你吧！"

说罢，自刎而死！

时年三十一岁。

这就是项羽，气冲霄汉的项羽！

画外音： 此节已无须多言。项羽那么多缺点，为什么却被人永远铭记，正在于此。

他不贪生、不苟活、敢爱敢恨，人生酣畅淋漓。

他的死，何尝不是一种贡献？东山再起，免不了和汉军再生战乱，免不了生灵再遭涂炭。以自己的死，换来大汉的兴；以自己的死，换来百姓安宁。他傻，他幼稚，但他善良，他可爱。他比刘邦更值得被历史铭记。

【原著精摘】

项王军壁垓下，兵少食尽，汉军及诸侯兵围之数重。夜闻汉军四面皆楚歌①，项王乃大惊曰："汉皆已得楚乎？是何楚人之多也！"项王则夜起，饮帐中。有美人名虞，常幸从；

骏马名骓，常骑之。于是项王乃悲歌慷慨，自为诗曰："力拔山兮气盖世，时不利兮骓不逝。骓不逝兮可奈何，虞兮虞兮奈若何！"歌数阕，美人和之。项王泣数行下，左右皆泣，莫能仰视。

【注释】

①楚歌：楚人的歌声。项羽、刘邦都是楚人，项羽的兵源主要来自楚地，但刘邦几次被项羽打得溃不成军，刚起兵时的楚地士兵几乎打光了，兵源全靠关中地区补充，所以主力是关中士兵。

【译文】

项王的军队在垓下构筑营垒，士兵已经不多，粮食将要吃尽，汉军和诸侯军队把楚军重重包围了好几层。夜晚，项王忽然听到四面的汉军都在唱楚地的歌曲，大为震惊："难道汉军已经把楚地全占了吗？怎么楚国人这么多？"项王夜间起来，在大帐里饮酒。他有一个名字叫虞的美人，非常宠爱，常常带在身边；他还有一匹叫骓的骏马，经常骑着它。这时项王就慷慨悲歌，自己作诗唱道："力拔山兮气盖世，时不利兮骓不逝。骓不逝兮可奈何，虞兮虞兮奈若何！"项王唱了好几遍，美人跟着他一起唱。项王悲从中来，流下数行眼泪，左右侍从也都低头哭泣，悲伤得无法抬头仰视。

从亭长到皇帝的奋斗史：刘邦

高祖本纪

刘邦是历史上最复杂的帝王之一。他能征善战，却屡屡被项羽打得屁滚尿流；他善于用人，却很瞧不起知识分子；他运筹帷幄，却连跟自己打拼了半辈子的萧何也信不过……这么矛盾的人物，真是一言难尽！

沛公起兵："坏大叔"被逼创业

带着问题读《史记》

刘邦作为一个成功的"草根皇帝"，为什么在历史上留下了"无赖"的"雅号"？

很多人喜欢项羽，不喜欢刘邦。

项羽有很多缺点，比如滥杀无辜、头脑简单等，但他有一股英雄气概。

讨厌刘邦，则是刘邦虽然也有那么一丁点英雄气质，却完全被他的"无赖气质"遮掩了。

他贪财好色、满口大话，甚至谎话连篇，明明箭射中了胸膛，却去捂脚指头："哎呀，贼射中了老子的脚指头！"

他不懂礼节，居然一边让两个女子给他洗脚，一边接见来客。

他还很狂，当了皇帝后，对老爹刘太公说："老爹呀，当年你老是夸二哥刘仲，说他的产业大，说我没出息，现在瞧瞧，我俩到底谁的产业大？"

他不讲人情，项羽要把他爹刘太公给煮了，刘邦却说："好啊，别忘了分我一杯羹！"

他的缺点，太多了，太让人讨厌了。可是，他成功了，项羽失败了。

这究竟是为什么呢？

让我们一起来寻找答案。

◎ 空手套白狼，吕雉闺中藏

吕雉是谁呢？她就是刘邦的老婆，刘邦当皇帝后，她就成了皇后（吕后）；刘邦死后，她大权独揽，形式上和女皇帝没什么两样。

吕后除了性格有点残忍，算是个有能力的人。她的执政，给后来的"文景之治"打下了基础。

论出身，她出身于大户人家，比刘邦强多了。

刘邦出生的家庭，可是穷得叮当响，以至于连正儿八经的名字都没有。

他以前的名字，叫刘季。

为什么说这不是个正儿八经的名字呢？前面提到过，刘季有个二哥，名叫刘仲。

那么不用说，他至少还有个大哥：刘伯。

伯仲叔季，这是古人的排行，如果四个儿子，分别就是老大、老二、老三、老四。当然，"季"既可以代表老四，也可以代表老小。

不过老三可能是个女的，生平不详；既然刘季也只是个马马虎虎的代号，她就更没有名字了。

刘季，就是"刘老四"的意思。他爹整天忙着在地里刨食儿，吃了上顿没下顿，哪有工夫给他取名字？给个"老四"叫，就不错了！

当了皇帝之后，刘季觉得，"刘老四"这个代号，实在有失身份，于是改名"刘邦"，把"季"当成了自己的"字"。所以我们经常看到这样的说法：（汉）高祖，名邦，字季……

也不算错。

穷到连名字都"不正经"的刘季，是怎么娶到大户人家的女子——吕雉的呢？

一句话：空手套白狼套来的。

司马迁对刘邦年轻时的介绍十分简练：

好酒，基本是个酒鬼，有酒局必到；

好色，见了美女走不动步；

喜欢欺负人，很有地痞无赖的潜质；

爱赊账，吃饭喝酒不给钱，吃了不少"霸王餐"……

可他也不是一无是处，前面说过，他也是有志向的人，有一次看见秦始皇巡游，被壮观的仪仗车队震住了：哎呀呀，这才是大丈夫应该有的人生啊！

可是，空有志向，能力欠缺，人品欠佳，手头没钱，家中无妻，他也只能干瞪眼。

思来想去，他发现，自己也有两大优点：第一是狐朋狗友多，交际广泛，认识的人多，黑道白道都能说上话；第二是擅长忽悠，敢说大话。嗯，凭这两点，倒也能混口饭吃。

可毕竟属于只有背影、没有背景的人，虽然整天忽悠、交际广泛，混来混去，也只混成了一个小小的亭长。

亭长，大概相当于现在的街道办主任吧，官不大，事不少。

虽然吃饭不成问题了，可这距离"大丈夫当如此"的宏大志向，还差了十万八千里。

一转眼，人已到壮年，刘邦除了混上了个亭长和结交了一大帮狐朋狗友，老婆都没混上——却有了个私生子（就是后来的齐王刘肥）！你说这事儿闹的，也怨不得他爹整天骂他。

你敢骂我，我就喝酒。

刘邦是个想得开的人。

◎ 人生中第一次重要酒局

刘邦一生中，有好几次载入史册的酒局。最著名的一次，自然是鸿门宴。通过这次酒局，刘邦成功地麻痹了项羽，转危为安。

其实在刘邦起兵反秦之前，还有一次重要的酒局。这一酒局名气虽然不如鸿门宴，影响却不比鸿门宴差，因为它直接影响到了汉初的政治格局。

刘邦的老家，在沛县（在今天的江苏省徐州市）。

这一天，沛县县令来了一位贵客，姓吕，就叫他吕公吧！吕公

本来住在外地，为了躲避仇人，就到了沛县，准备在沛县落户。

县令来了贵客，下属岂能不巴结一下？很多人都前往祝贺。吕公一看，这么多当地的豪强官员都来祝贺，怎么着也得摆摆酒席、意思一下啊，毕竟咱不差钱。

可那个年代，秦朝苛捐杂税多，谁家也不富裕，很多人都想蹭吃蹭喝。吕公不在乎，另一个人可在乎着呢！这个人，就是后来大名鼎鼎、辅佐刘邦的萧何。

萧何当时在沛县县令手下当一个小官，负责文字之类的工作，估计顺便管管接待啥的。他一看，好嘛，听说吕公请客，你们撒丫子都来蹭吃蹭喝了，这还行！

于是下了一道命令：凡是赠送礼金不满一千钱的，一律到大堂外边吃！

那意思明摆着（很势利眼）：礼金还不到一千钱，就想胡吃海喝，想把"成本"吃回去，顺便吃出点"利润"来？美得你！出去吃盒饭就行！

亭长刘邦大大咧咧地来了。到了门口，一看，嗯？还要礼金？什么，一千钱以下的只能吃盒饭？

刘亭长拿了张礼帖，大笔一挥，写下几个大字：礼金一万钱！

他把礼帖往门卫那儿一扔，气宇轩昂地进了大堂。门卫、侍从们都被这个"土豪"礼单吓傻了眼，目瞪口呆地看着刘邦进去了。请问，您的一万钱呢？

没人问，刘邦也没给。认识他的人都知道，这小子又来骗吃骗喝了，还一万钱？胆儿可真肥，他一文钱也没有！

礼单送到了吕公手上。吕公一看大惊："这是哪来的土豪啊？"连忙起身迎接刘邦。他见刘邦气度不凡，已经有了好感。

吕公这个人，喜欢给人相面。他觉得刘邦面相特殊，将来必成大器，因此特别敬重。

萧何看不惯了，心想，你刘邦骗人也太没谱了吧？吕公可是县令的贵客呀！于是他悄悄提醒吕公："刘季这个人，就是个大忽悠，爱说大话，做不成事。"

吕公却不为所动，酒宴后，示意刘邦留下来，对他说："我看你面相，将来必成大业，只要你努力进取，一切皆有可能！"

说到这里，刘邦估计已经心花怒放了。后面的话，更是让这个老光棍乐开了花："我有个女儿，嫁给你如何？"

天上掉馅饼，刘邦哪能不答应？

吕公的女儿，名叫吕雉，就这么着成了刘邦的老婆。

她跟着刘邦，一路腥风血雨，经历坎坷苦难，最终成为皇后，一度大权独揽甚至临朝称制，把持朝政十五年。

◎ 造反，我是被逼的

三亩地，两头牛，老婆孩子热炕头，这大概就是刘邦婚后的理想生活了。虽然他内心对秦始皇的荣耀极度羡慕，可是，没那个条件呀！当官——如果亭长也算官的话，他的仕途基本算是登顶了：要文化没文化，要背景没背景；能力虽然有一点，但被他

的大忽悠本性完全遮蔽了，让人难以发现。

吕雉给他生了一男一女两个娃（后来的汉惠帝和鲁元公主），如果太平盛世，很有可能继续生下去。可天下的情景，似乎越来越不对劲儿，很多人对大秦的暴政，越来越不满了。

小小亭长，官不大，责任可大。上头下来的一道命令，彻底葬送了刘亭长的幸福生活。

押送服役的民夫，去骊山！

从时间上推断，这应该正是秦始皇在外出巡游途中去世，赵高、李斯秘不发丧期间，也就是公元前 209 年。

皇帝突然死了，为了防止政变，李斯下令封锁消息；但秦始皇浩大的骊山陵墓还没完工，必须紧急从全国征调人员，加快进度。

刘邦很不幸地成了负责押运民夫的一个负责人。

这活儿可不好干！他在江苏徐州，骊山在今天的陕西，路途遥远，没车没马，全靠双脚丈量，一路辛苦不说，而且秦的暴政名声在外，工程中劳累致死的民夫不计其数，谁愿意往火坑里跳啊！

刘邦也很郁闷，他还有个毛病——爱喝酒。一喝酒，就误事；醉眼蒙眬的，看也看不清，民夫们趁他喝醉的工夫，一个接一个地甚至成群结队地逃跑。

刘邦虽然爱忽悠，但人品不坏，是个厚道人。民夫跑了，他也没杀气腾腾猛追——也没法追，他一追出去，剩下的民夫没人看管，跑得更多。

刘邦每天借酒浇愁，抱怨老天不公，给了他这么个苦差事。

可是，放眼天下，除了高高在上的皇帝，谁的日子不苦呢？对那些逃跑的，他也是心生怜悯。他或许不知道，就在他极度郁闷之时，身在大泽乡的陈胜、吴广，也已发出了"天下苦秦久矣（天下受秦朝的苦太久了）"的呐喊，公开造反！

走到一个叫丰西的地方，刘邦又喝了一场，边喝边合计："按这个逃亡速度，估计到了骊山，人就全跑光了！"

一不做、二不休，他一狠心，借着酒劲，把所有人都叫来，说道："你们都走吧！从此天各一方，我刘季也要远走高飞了！"

几百个民夫就差给刘邦跪下了。有十几个人坚持不走："刘大哥，回去也没活路，我们跟着你干了！"

刘邦一听，是呀，不把人运到骊山，就是和秦政府翻脸，等于是公开造反了！今后的路怎么走？回老家？不可能了，只好落草为寇吧！

刘邦于是带领这支人马，躲藏在附近的山中。

渐渐地，刘邦发现自己不是单打独斗，陈胜已经起义，秦朝的天下已经大乱。机会来了！

在老朋友萧何、曹参、樊哙的帮助下，刘邦顺利夺取了老家沛县，担任了沛县县令。刘邦"沛公"的称号，就是这么来的。

画外音：刘邦一路从"草根"奋斗成了皇帝，的确很励志，但也有很多人不服他，比如韩信、彭越。

为了让自己的帝位显得名正言顺，他和他的后人开始了"造神运动"。于是史料中就有了很多刘邦的传说，比如他母亲梦见一条龙在自己身上，怀孕生下刘邦；刘邦斩了一条白蛇，是白帝的儿子，而他则是赤帝的儿子；刘邦称帝之前，走到何处，上方就有祥云；等等。

这些内容可以看作"刘邦是个大忽悠"的例证，本书大多没有采用，只在"原著精摘"栏目中留下一段"高祖斩白蛇"的故事。

【原著精摘】

高祖被酒①，夜径②泽中，令一人行前。行前者还报曰："前有大蛇当径，愿还。"高祖醉，曰："壮士行，何畏！"乃前，拔剑击斩蛇。蛇遂分为两，径开。行数里，醉，因卧。后人来至蛇所，有一老妪夜哭。人问何哭，妪曰："人杀吾子，故哭之。"人曰："妪子何为见杀？"妪曰："吾子，白帝③子也，化为蛇，当道，今为赤帝④子斩之，故哭。"人乃以妪为不诚，欲笞之，妪因忽不见。后人至，高祖觉。后人告高祖，高祖乃心独喜，自负。诸从者日益畏之。

【注释】

①被酒：带着醉意。

②径：小路，此处用作动词，指从小路走。

③白帝：传说中的五天帝之一，位于西方。秦位于西方，自认为是白帝的子孙。

④赤帝：传说中的五天帝之一，位于南方。刘邦自称是赤帝子孙。

【译文】

高祖带着酒意，夜间走过沼泽中的一条小道时，派一个人先到前方探路。探路的人回来报告说："前面有条大蛇，横在路当中，我们还是回去吧！"高祖醉醺醺地说："好汉走路，怕什么！"他一个人径直往前走去，（果然看见大蛇）拔剑将蛇斩为两段，道路通了。高祖又往前走了几里地，酒劲发作，便躺下休息。后面的人来到高祖斩蛇的地方，看到一个老太太夜里哭泣。人们便问她为何啼哭，她说："有人杀了我儿子，所以哭。"人们又问她："老太太，你儿子为什么被杀呢？"老太太说："我儿子是白帝的儿子，变身为蛇，横在路当中，现在被赤帝的儿子杀了，所以我哭。"人们认为老太太不诚实，想要打她，老太太忽然不见了。后来人们到了高祖休息的地方，高祖也已经醒了。人们把刚才发生的事告诉了高祖，高祖听了暗自高兴，十分自负。那些跟随他的人也对他日益敬畏。

楚汉相争：成功并非靠运气

带着问题读《史记》

刘邦率先攻入关中，仅仅是因为"运气好"吗？

◎ 刘邦宽厚，西征还是让他去吧！

项羽是英雄，可是输了。

刘邦很无赖，但他赢了。为什么？

原因之一是：刘邦宽厚，项羽残暴。

刘邦起兵之后，很快投奔项梁，事业迅速壮大。可就在这个节骨眼上，项梁兵败被杀，名义上的领导人楚怀王也很被动。为了鼓舞士气，他下了这样一道命令：谁先杀入关中（秦朝的老窝），谁就是关中王！

称王，这个诱惑太大了！士气一下子提振起来了。

当时还有一个难题：赵歇在河北起兵反秦，自封为赵王，结果被秦兵主力死死咬住，包围在巨鹿。

赵王火急火燎地找楚怀王求救。

各路诸侯都在往巨鹿赶，毕竟是同盟军、共同反秦，不去救是不行的。

可是，派谁去？楚怀王决定让宋义带兵，项羽等人协助，前往救赵。

项羽不想去，他对楚怀王说，我要直取关中，为叔叔项梁报仇！

项羽是真心这么想的。这个时候，秦军依然十分凶猛，起义军刚刚损失了重要领导人项梁，楚军、赵军连续被秦将章邯击败，局面十分被动。

救赵是往北进攻，攻入关中是往西进，几乎没有人认为进攻关中会对自己有利。楚怀王命令刘邦率兵西进，但是没几个将领愿意跟着他深入虎穴。于是，楚怀王命项羽共同西进，以壮大刘邦的实力。

但楚怀王手下的老将们，却不同意项羽西进。他们说，项羽这个人，太暴虐，喜欢滥杀；即便攻入关中，这种性格的人也容易激发老百姓的强烈反抗，不利于统治。进攻关中，还是让"宽厚长者"刘邦去，占领之后安抚百姓，更好一点。

那时候，刘邦都快五十岁了，的确是个长者；项羽，则是一个二十出头的毛头小伙。

楚怀王最终命项羽北进救赵，命刘邦西攻关中！

讲到这里，我们经常说刘邦运气好，如果不是项羽在巨鹿之战中破釜沉舟，击垮了秦军主力部队，刘邦的西进也不会那么顺利。

可是，他的运气是怎么来的呢？如果他也十分暴虐，楚怀王会派他去吗？

厚道人，运气总不会太差。

项羽拖住了秦军主力，刘邦的压力就小多了。在张良、郦食其（yì jī）等谋士的辅佐下，他顺利杀入关中。入关后，废除了秦朝的严苛法律，约法三章，这些宽厚举措，让他受到了关中人民的爱戴。

后面的事情大家都知道了：项羽大胜秦军之后，对先入关的刘邦不满，自己分封诸王，把刘邦赶出了关中，封到了汉中、巴蜀一带。关中，则封给了章邯等三个秦朝降将。

刘邦按照张良的建议，为了迷惑项羽，前往汉中时故意烧毁栈道，表示不打算回来了。

看着栈道上的熊熊大火，刘邦心里想必也是哇凉哇凉的了——

那么偏远的地方，远离家乡，谁愿意去啊？

⚬ 一边洗脚，一边接见长者

很快，刘邦重用大将韩信，明修栈道、暗度陈仓，重新占领关中；随后带兵东进，攻打项羽，楚汉战争拉开了帷幕。

仗，打了整整四年，经历了无数次拉锯战。最终，输的是"力拔山兮气盖世"的项羽。

原因很多，比如刘邦善于用人，重用韩信、张良，后方则有萧何帮他建立了巩固的根据地，等等；另外还有两个原因，也很重要：第一，刘邦是个知错就改的人；第二，他城府很深。

刘邦带兵攻打关中，路过高阳，一个叫郦食其的人，听说刘邦是个宽厚长者，决定投靠他。

郦食其很爱读书，但很狂妄，所以在秦朝只当了一个小官，没有人愿意重用他。

郦食其进来拜见刘邦的时候，刘邦坐在床边，两个女人正在帮他洗脚。郦食其很生气，作了个揖说："你如果想诛灭无道的秦，就不应该张开两腿坐着接见长者！"

此人如此冒犯自己，若是项羽，弄不好就把他杀了。刘邦发现郦食其气度不凡，似乎很有水平，连忙站起来，整理好衣服，向他道歉，请他坐到上座。

和郦食其一交谈，刘邦果然发现此人很有水平，于是加以重用。在郦食其的帮助下，西征更加顺利，有的城池甚至兵不血刃，

直接投降刘邦了。

🟠 哎呀，我的脚趾！

在鸿门宴上，有这样一个镜头：刘邦的大将樊哙，听说主公危险，带着剑和盾牌闯入营帐，大声为刘邦开脱，指责项羽，项羽竟然哑口无言。

在外交手段上，项羽的确显得嫩了一点。

刘邦，则是一个城府很深的人。

项羽杀了义帝（楚怀王），刘邦弄不好心里偷着乐，但还是假意大哭一场，目的是显得自己多么忠诚，而项羽多么凶残。

在一次与项羽对阵时，他还声色俱厉，历数项羽的"十大罪状"，其中就包括杀死义帝。这些，目的无非是彰显自己的正义，形成舆论上的优势。

项羽显然说不过他，听到"十大罪状"后暴怒，暗中命令潜藏的弓弩手："瞄准目标，射死汉王！"

弓弩手真不是吹的，隔得那么远，一箭射中刘邦！

汉王刘邦的心机，在此刻再度表现出来——因为隔着一条涧，距离较远，楚军和多数汉军战士只是看到汉王中箭，没看清射到了哪个部位，刘邦于是大喊："哎呀，贼（楚军）射中了我的脚趾！"

其实，这一箭射中的是胸膛！

刘邦差点就呜呼哀哉了！

他知道这一箭射准了地方，自己必然重伤，担心此事一旦外泄，会动摇汉军军心，楚军会因此大肆进攻，所以忍住疼痛，高喊"射中了脚趾"！

射中脚趾，不过是轻伤；射中胸膛，情况就严重了。如此危急、疼痛难忍的情况下，还能隐藏真相、避免被动，我们不得不说：刘邦是个高明的政治家。

◉ 要当就当齐王，干吗当"代理"？

刘邦城府深的另一表现，是他用"蛋糕"诱惑韩信、彭越。

刘邦东进攻楚，自己带了一路人马，韩信带了另一路人马，北上灭赵，然后杀奔齐国，占领了今天的山东，准备从北边包抄项羽。

韩信的西边，还有彭越，也起来反抗项羽。

刘邦战略上的部署十分成功，对项羽可谓四面合围，只要齐心协力，没有不赢的道理。

可是，在刘邦火急火燎和项羽进行拉锯战的节骨眼上，这些大将、诸侯，纷纷"熄火"了。

为什么呀？当年陈胜起兵，喊了个口号："王侯将相，宁有种乎？"大家都记着呢。韩信更干脆，直接自封为"假王"——也就是代理齐王。

自封之后，他派人向刘邦汇报："我们这个地方啊，太靠近楚军了，如果不弄个'假王'当当，怕是镇不住楚军啊！"

刘邦鼻子都气歪了，当场就想和韩信翻脸，被张良阻止了："万万不可！此时正是用人之际，不仅不能翻脸，而且还要正式加封，让他当真的齐王。"

听人劝、吃饱饭，刘邦一琢磨，是这么回事儿。于是派人对韩信说："要当就当齐王，当什么代理齐王啊！"

这下，韩信对刘邦只能死心塌地、卖命干活了。

可刘邦心里，却有疙瘩了："你小子想造反啊，早晚收拾你！"

他给韩信画了一个大"蛋糕"，说将来把哪些地方分封给他，诱惑其为自己卖命，在韩信的帮助下，刘邦顺利消灭了项羽。

正所谓兔死狗烹，战争一结束，刘邦突然收了韩信的兵权，并把他从有实权的齐王调为没什么实权的楚王，后来又从楚王降为淮阴侯。为了防止韩信叛乱，刘邦把韩信带到了长安，严加看管，等于是软禁起来了。

刘邦去世后，韩信被吕后杀死。

画外音： 项羽自杀之前，认为自己没犯什么错，是"天要亡我"；换句话说，他也认为，刘邦之所以赢，是天意，是运气。

可谓执迷不悟。

成功要有运气，但不能全靠运气，最终拼的还是实力。刘邦的厚道，项羽有吗？刘邦的用人，项羽会吗？刘邦知错就改，项羽肯吗？刘邦心机缜密，项羽能吗？

【原著精摘】

（沛公）西过高阳①。郦食其为监门②，曰："诸将过此者多，吾视沛公大人长者。"乃求见说沛公。沛公方踞床③，使两女子洗足。郦生不拜，长揖，曰："足下必欲诛无道秦，不宜踞见长者。"于是沛公起，摄衣谢之，延上坐。

【注释】

①高阳：地名，在今河南境内。

②监门：即监门吏，秦朝基层小吏，负责看守城门。

③踞床：坐在床上。不过这个床不是今天的床，而是类似板凳一类的坐具。

【译文】

沛公西进路过高阳。郦食其担任高阳的监门，说："将领们路过这里的很多，我看好沛公，他有仁厚长者的风度啊！"说完，去求见游说沛公。沛公当时坐在床上，正让两个女子给他洗脚。郦生没有跪拜，而是深深地作了个揖，说："足下您如果下定决心，想消灭暴秦的话，就不应该傲慢地接见长者。"于是沛公连忙站了起来，整理好衣服，向他道歉，请他坐上座。

建立大汉：草根皇帝恤民情

带着问题读《史记》

刘邦从"草根"到皇帝的奋斗史，给你带来什么样的启示？你认为他成功的原因是什么呢？

刘邦到底是一个什么样的人呢？从某种意义上来说，他比项羽复杂得多。

项羽，这么归纳就够了：一个英雄，该仁慈的时候残暴，该残暴的时候心软。

刘邦就不同了。

最初，我们看到的，是一个接近于地痞流氓的无赖，贪财好色，谎话连篇；慢慢地，我们发现，他还有一点小可爱，爱忽悠之类的缺点也可以容忍；到后来，我们发现，这点小可爱背后，隐藏着一股伟大的力量——这种力量，让他终成一代伟人。

和谐的父子俩

刘邦和父亲刘太公，最著名的故事，就是项羽要烹杀刘太公，刘邦说："分我一杯羹！"

这或许是让刘邦背负骂名最多的一件事。

但必须看到，这是战争，不是你死，就是我活；双方交战，气势首先不能输。无论对方如何抽打自己的软肋，作为主帅，不能表现出哪怕一点软弱。

他这句话与其说是给项羽听的，不如说是给汉军将士听的：

"诸位弟兄，看见了没，为了胜利，我刘邦付出了惨重的代价！老爹、老婆（吕雉也被项羽俘虏），我都可以不要！"

可以想见，汉军将士，见主帅如此硬气，付出如此牺牲，必然更加同仇敌忾，为刘邦卖命，为刘太公报仇！

这场嘴仗，毫无疑问，刘邦是最大赢家。

内心，恐怕他也极度煎熬——老爹万一真的被杀，自己可就背上千古骂名了。好在后来项羽也撑不住了，同意和谈，放回了刘太公。刘邦这才一块石头落了地，准备放心地回去了。

正是因为"老爹被俘"这个疙瘩在心里盘绕太久（整整两年多），他长出一口气，起初是真打算彻底停战的，后来在张良等人的建议下，才决定继续攻击项羽。

当了皇帝、天下太平之后，刘邦贵为一国之君，公务繁忙、日理万机，却坚持抽出时间来，每五天去看望老爹一次。

五天？貌似时间挺长啊。

你要知道，他是皇帝，他爹是皇帝的爹。在古代，皇帝和子女们，亲情多数十分淡漠，长年累月见不到一次也是常事；有的父子，

甚至几十年都见不上一面，老爹不认识儿子的情况，也常有（原因是子女太多了）。

皇帝忙，是一个方面；互相提防，老子担心儿子谋权篡位，儿子担心哪句话说错了就被流放、杀头，也是一个重要因素。

自己身为皇帝，还每五天去看望老爹一次，这样孝顺的"儿皇帝"，历史上还真就不太好找。

即便如此，还是出问题了。因为刘邦每次见了老爹，都要行大礼，朝老爹参拜。

平民百姓甚至王公大臣，见了老爹，下跪磕头都是正常的。可刘邦这么做，有人就觉得不正常了。为什么呀？因为皇帝是天子，只能参拜天；在凡间，"老子天下第一"，他是老大，比亲爹还大。

刘太公有个家臣，有一天对他说：

"太公啊，皇上对您这么有礼貌，实在是非常难得。可是，有句话叫'天无二日、民无二主'，他是皇帝，是全天下黎民百姓的主人。您呢，虽然是皇帝的父亲，可毕竟是臣子，怎么能让皇帝参拜大臣呢？"

这个人的话，还是很符合古代君臣秩序的。如果你看过一些后宫戏，可能会看到这样的场景：某位大臣的女儿入宫，成了皇后，皇后回家看望父母（省亲）的时候，父母见了女儿，要对她行下跪大礼。

刘太公经他提醒，恍然大悟："对啊！儿子现在是皇帝，怎么能给我行大礼呢？咱可不能自私，因为父子亲情，就坏了规矩、影响皇帝的尊严！"

过了几天，刘邦和往常一样，又去看望老爹。

话说刘太公也真是农民本色，忽然间大富大贵，成了皇帝的老子，手底下奴仆成群，可他还是闲不住，居然拿了把扫帚，在大门口扫地！

一见皇帝的车子来了，刘太公连忙抱住扫帚，弓着身子，在门前迎接，并且退步行走，表示敬畏。

刘邦大惊失色，连忙跳下车来，扶住太公："老爹，您今天这是咋了？"

太公说："皇帝陛下，您现在是天下之主，怎么能因为我是你父亲的关系，就乱了天下的章法！"

刘邦大为感动，连忙问起缘由，太公就把别人劝告的事情，说了一遍。

这倒是给刘邦出了一道小小的难题。当年，老爹在项羽营中，饱受苦难、历经生死，为自己做出了巨大牺牲；今天，他又为了维护自己的尊严，宁愿不顾父亲的体面！越是这样，越不能亏待他！

他高超的政治手腕，在此时显露出来：

第一，他不退步，对老爹，还是要尊重，不能学某些动物——"娶了媳妇忘了娘"，当了皇帝，你爹还是你爹！

不过，大臣说得也对，自己毕竟是皇帝。可皇帝就不能有爹了吗？好吧，既然如此，干脆更进一步，把老爹封为太上皇！

太上皇也是皇帝，而且是名正言顺的皇帝的老爹，也是"天下

之主"——天下的"名誉主席"。这样，刘邦作为皇帝，再参拜老爹，也就合情合理了。

第二，对提出建议的太公家臣，予以重奖！毕竟，为了维护皇帝的尊严，敢于劝谏太公，是需要勇气的；何况，这让刘邦感觉自己倍儿有尊严、心里特别愉悦，而且他封太公为太上皇，又巧妙地解决了家臣提出的问题，可谓皆大欢喜。

画外音：刘邦做了皇帝，对父亲都如此孝顺，这很难得，值得我们每一个人去学习！

有人问孔子，怎么才算孝顺，孔子说："色难。"意思是说，对父母和颜悦色，都是很难的。

普通人和颜悦色对父母都很难，何况是见了就要参拜呢？何况已经做了皇帝呢？

◉ 我们哥儿俩，谁的产业大？

刘邦和太上皇之间，还有一件趣事，被"记录在案"了。

刘邦战胜项羽之后，决定留在巩固的根据地关中建都。但咸阳原有的宫廷，都被项羽烧了，于是便在咸阳西边，建设自己的宫殿——未央宫。

未央宫建成之后，规模自然不能和秦朝的相比，刘邦还是很高兴，大宴群臣，庆贺宫殿建成。

刘邦年轻时就爱喝酒，功成名就了，还是老样子：一喝酒，话就多。

他先是举起酒杯，祝贺太上皇健康长寿。

随即，借着酒劲，对太上皇说：

"想当年，您老总是说我没出息，不爱干活，没积累下什么家业；您老总是夸奖二哥刘仲，说他吃苦耐劳、积极肯干，攒下了不少家产。老爹您看看，如今我的产业和二哥的家业比起来，到底谁的大呢？"

群臣听了，无不山呼万岁、大声欢笑，厅堂之上，一派热闹气氛。

经常有人拿这个细节说事儿，说刘邦太不给老爹面子了。

可是，这不正是普通家庭该有的氛围吗？父子之间，不是永远严肃、刻板，而是偶尔开个玩笑、逗逗乐，小小地计较一下，家庭才更显得其乐融融。

可以说，刘邦的父子关系，在古代皇帝中间，是极其少见、十分平民化的。

项羽感人，是因为他的英雄气；刘邦之所以感人，则是因为他的平民气、草根气。

◉ 不怕死的皇帝

未央宫记录了刘邦父子其乐融融的一幕。然而，这个宫殿开建之时，却一度引发了刘邦的怒火。

虽然入关中之后，刘邦就有"不扰民"的传统；但毕竟有秦始皇的奢华宫殿摆在那里，丞相萧何给刘邦建造宫殿的时候，规模显得稍微大了一点。

其实你大可放心，萧何这种对治理国家十分在行的大臣，绝对会量入为出，即便宫殿稍微大点，也在可以容忍的范围之内。

刘邦虽然做了皇帝，很多事情还是亲力亲为；尤其是天下依然有不少人企图造反，几乎每次，他都要带兵亲征。

把建造宫殿的活儿布置给萧何之后，他就很放心地外出征讨叛军了。

仗打完回来，一看宫殿布局、框架，刘邦火了，狠狠说了萧何一顿：

"天下连年苦战，不得安宁，至今鹿死谁手还不一定，让你建个宫殿，能住就行了；你居然建得这么豪华，太过分了！"

萧何连忙辩解，"不壮丽不能显示天子尊严"之类的话，说了一通，这才把刘邦的怒气给消了。

这个平民皇帝，无论什么时候，都是一股草根气，包括面对死亡。

人生的最后一年，他惦记的，不是自己如何长寿、如何长生不老，而是老家沛县的乡亲和大汉的基业。

征讨叛军途中，他路过老家沛县，大宴沛县父老。一干人等，无不感动，无不畅饮。

汉高祖刘邦，在父老面前，忘了身份的尊卑，大肆畅饮。半醉半醒之际，人生六十余年的点点滴滴，逐一浮现心头，令他感慨万千。他吟唱道：

"大风起兮云飞扬，威加海内兮归故乡，安得猛士兮守四方！"

宛如当年项羽的《垓下歌》。

只是，项羽临死，还在抱怨"天要亡我"，还在惦念自己"力拔山兮气盖世"："我力大无比，所向无敌，灭我的，是老天！"

此时的刘邦，也已人近暮年，他想到的，是"大风起兮云飞扬"，是当年的陈胜吴广、风起云涌的农民起义，把我送上了皇帝的殿堂！

项羽死前，担心的是自己的宝马无处安置，自己的女人虞姬无人照看；刘邦的最后一年，想的是如何报答故乡，如何让大汉的基业长治久安！

这就是境界，这就是人生的差别！

这一年，刘邦攻打叛军，再度被弓箭射中，伤势严重。你还记得他说"射中脚指头"那次吗？其实那一次，他就受了重伤，被射中了胸膛。

病痛折磨之下，刘邦感到自己时日无多了。吕后十分担心，这个和自己患难与共的老家伙，这个当年靠忽悠把自己娶进家的地痞无赖，这次真的要离自己而去吗？

吕后找来最好的医生，恳求他："一定治好皇帝的病！"

然而，刘邦累了。他做了皇帝，也不得消停，整日东征西讨，整日和大臣钩心斗角，今天白马之盟，规定"非刘氏不能为王"；明天调虎离山，把韩信软禁在身边……

都说"飞鸟尽，良弓藏；狡兔死，走狗烹；敌国灭，谋臣亡"，可是我刘邦，就不累，就不苦吗？

他想休息了。

他对前来医治的大夫，几乎用了最后的力气喊道：

"我本布衣平民，仗剑取天下，这难道不是天命吗？我的命，天注定，即便扁鹊复生，于我何益？"

说罢，命人厚赏医生，让其离去。

吕后看着眼前这个贵为皇帝的平民丈夫，强忍悲痛，问他：

"陛下百年之后，萧相国（萧何）如果去世，谁能担当大任？"

刘邦说："曹参。"

吕后再问："曹参之后呢？"

刘邦说："王陵可以。让陈平协助他。另外，周勃要重用。"

吕后又问："再往后呢？"

刘邦又好气又好笑，心里大概在说："这老娘们儿，怎么关注得这么长远？你觉得自己能活那么久吗？"

可是现在，疾病的折磨，让他幽默不起来了，淡淡地说："以后的事，你也不会知道了！"

不久，汉高祖，刘邦，驾崩于长乐宫。

享年六十二岁。

他四十八岁起兵，大器晚成，一路奋勇冲杀，有勇有谋，宽厚仁慈，诡计多端，知人善任，知错就改，体恤百姓，感恩父母，不弃糟糠之妻，怜爱刘氏后人，却又滥杀功臣……

用四分之三的人生，塑造了一个无赖形象；然后用四分之一的人生，塑造了常人无法企及的辉煌：从平民，到帝王。

这就是刘邦，放眼封建社会，可以与他相提并论、从平民打拼成皇帝的，只有朱元璋（明太祖）。

【原著精摘】

高祖击布时，为流矢所中，行道病。病甚，吕后迎良医，医入见，高祖问医。医曰："病可治①。"于是高祖嫚骂②之曰："吾以布衣提三尺剑取天下，此非天命乎？命乃在天，虽扁鹊何益？"遂不使治病，赐金五十斤罢之。

【注释】

①病可治：此处表面意思是"病可以治"，但也有专家认为，这是"病没治了"的委婉说法。

②嫚骂：即谩骂。

【译文】

高祖攻打黥布时，曾被乱箭射中，行军途中得了病。病情很严重，吕后请来最好的医生为其诊治。医生进去拜见高祖，高祖询问自己的病情，医生说："病可以治好。"高祖却骂道："我原本是一个布衣平民，手提三尺之剑，取得了天下，这难道不是天命吗？命运在天，即便扁鹊再世，又有什么用处！"高祖不让医生治病，赏赐他金五十斤，让他离开了。

除了没称帝，和女皇无异：吕后

吕太后本纪

吕后、武则天、慈禧太后，是中国历史上最有权力的女人。其中名声最差的，恐怕就是吕后了。慈禧太后虽然也下令杀死了光绪帝的妃子珍妃，却只是让其投井而已；吕后杀刘邦的妃子戚夫人，却为自己攒够了骂名……

母子殊途：吕后刚毅子柔弱

带着问题读《史记》

同样是掌握国家最高权力的女人，吕后和清朝的慈禧太后，最大的区别是什么？

我国历史上，出现过三个掌握国家最高权力的女人，分别是：汉朝的吕后（吕雉），唐朝的武则天，清朝的慈禧太后。

这三个人，各有特色。

武则天，算是实至名归，既有女皇的实权，也登基称帝了。

吕雉，属于有实无名，形式上和女皇无异，有自己的皇后专用玉玺；在我国的历代纪元表上，列有专门的"高后"（吕后）时期。除了"女皇"这个称号，她在体制上和皇帝没有两样。

慈禧太后在历代纪元表上却是没有的，虽然她的权力也和皇帝无异，但她控制朝政的这几十年间，纪元表上标注的却是清穆宗（同治皇帝）和清德宗（光绪皇帝）的年号。

如果给三人做个分类，可以这么说：

武则天——真正的女皇；

吕雉——有实无名的女皇；

慈禧太后——隐身的女皇。

◉ 赵王"保卫战"

吕后给很多人的第一个印象，是残忍。《史记》给吕后的第一个评价，却是为人刚毅。

的确，从刘邦的角度而言，吕后的确算是一个贤妻，她辅佐刘邦打天下，自己以及吕姓族人，都为刘邦立下了汗马功劳；刘邦称帝之后，又是她协助刘邦，铲除了韩信等可能存有异心的大臣，维护了刘氏江山。

刘邦后来宠爱戚夫人，不喜欢吕后生的儿子刘盈（汉惠帝），想把戚夫人的儿子刘如意立为太子，但没有成功，很大程度上就是因为吕后在刘邦平定天下的过程中劳苦功高，在大臣中很有威信，很多大臣反对换太子。

除了对戚夫人的残忍，吕后执政期间，总体表现还算中规中矩。

汉高祖刘邦去世后，太子刘盈继位，这就是汉惠帝。不过，汉惠帝没有什么实权，朝政被吕后把持。她马上就把戚夫人囚禁了起来。

其实，她完全可以把戚夫人杀掉，但她没有；因为戚夫人的儿子刘如意被封为赵王，有自己的领地和武装，直接杀了她，

吕后担心赵王叛乱。

先杀赵王，再杀戚夫人，这是老谋深算的吕后的如意算盘。

吕后掌权，赵王危险。赵王还是个小孩子，不足为虑；赵王的丞相周昌，却是根"老骨头"。

吕后连下几道命令，让赵王到长安来汇报汇报工作，至于目的，自然是"司马昭之心——路人皆知"，周昌怎会不知道呢？

不过，周昌这个"老骨头"，处理关系的能力却很一般，他竟然"当面锣、对面鼓"，直接就把吕后的阴谋诡计给戳穿了！

周昌对吕后的使者这样说：

"我私下听说，太后（吕后）对戚夫人不满，早就想把赵王叫了去杀掉。我怎么敢把赵王送过去呢？何况，赵王病了，没法去啊！"

这是和吕后撕破脸皮对着干的时候吗？就算撕破脸皮，你也得掂量一下自己的实力和水平啊！

吕后听了使者的汇报，暴跳如雷，但她的处理水平，比周昌高多了："好吧，你不是说赵王病了，不能来吗？那你就来吧！"

你光说赵王病了，你自己可没病吧？周昌只好到了长安。他被控制起来，吕后召赵王就再也无人阻拦，小孩子刘如意只好来到了长安。

赵王"保卫战"的第一回合，以吕后的胜利而告终。

吕后没想到的是，已经成了待宰羔羊的赵王，来到长安，却有了另一道更大的保护牌。

然而，在刚毅无比、冷酷无情的吕后面前，任何保护牌的结果只有一个：灰飞烟灭。

◎ 皇帝差点被吓死

这个保护牌，就是新登基的小皇帝——汉惠帝刘盈。

登基的时候，刘盈只有十六岁。儿子年纪小，老谋深算的吕后掌控朝政，皇帝长大后还政于他，还是说得过去的；吕后一直期待着儿子能和自己一样，变得老辣、残忍，可惜她没能看到这一天——或许永远不会有这么一天。

赵王刘如意到了长安，结局就是一个死——这已毫无悬念。然而事情却非要起点波澜不可。

心地善良的汉惠帝，不想让同父异母的小弟弟被自己的母亲杀死，便亲自到城外迎接刘如意；刘如意到了长安城，皇帝和他同吃同住、形影不离，吕后虽然想杀赵王，却顾忌自己的亲儿子，没有下手的机会。

然而百密一疏，猎鹰出击，往往就是在猎物打盹的一刹那。

登基第一年的腊月，汉惠帝要外出打猎。冬天天亮得晚、黑得早，皇帝很早就起床了。这时候，年幼的赵王睡得正香，皇帝想把他叫醒，看他酣睡的样子，有点于心不忍，便自己走了。

终于等到了皇帝"打盹"的时候！

　　吕后的眼线，迅速向吕后做了汇报。此时不出手，更待何时！吕后下令："准备毒酒！"

　　皇帝打猎归来，看到的，已是赵王冰冷的尸体。

　　自己身为皇帝，却连自己的弟弟都不能保护，而杀死他的，又是自己的母亲！

　　这一残酷的现实，已经让汉惠帝刘盈万念俱灰。

　　然而他的母亲没有就此止步，还要对儿子进行最后的残酷一击。

赵王刘如意一死，吕后对戚夫人再也没有任何顾忌，决定动手。

什么？杀了她？你太小瞧吕后了。如果只是杀了戚夫人，让他们母子地下相聚，吕后就不是吕后了。

当年和自己争宠，企图废掉太子刘盈、立刘如意为太子……这一幕幕场景在心头涌起，单纯杀死你，岂能让我解气？我要让你求生不得、求死不能！

吕后发明了有史以来最残忍的刑罚之一——人彘（zhì）。她让人把戚夫人的手脚剁掉，挖去眼睛，烧伤耳朵，灌上哑药，住在猪圈里，称为"人彘"（彘，就是猪）。戚夫人在猪圈里撑了几天后，终于死了。

如此变态折磨戚夫人之后，吕后居然让人把汉惠帝叫来"观赏"！

汉惠帝被吓得当场大哭，回去后一病不起。病勉强好了之后，整日饮酒作乐，不理政事，几年之后便去世了。

◎ 残忍，并非没有缘由

吕后为什么让儿子去看"人彘"这样的酷刑呢？

可以说，吕后的心理的确有点不太正常；但这也和她的一个心结有关，那就是刘盈太过柔弱。

刚毅的母亲，生了个柔弱的儿子，本就让吕后十分不爽；当年的皇帝刘邦，又屡屡拿柔弱来说事儿，动不动就说："这孩子太柔弱，根本不像我！"

刘盈性格、脾气不像刘邦，那谁像呢？刘邦自己说过答案。他动不动就对别人说："如意这孩子，别看小，举手投足和我很像啊！"

刘如意就是赵王，戚夫人的儿子。而这个时候，戚夫人又屡屡撺掇刘邦，要刘邦把刘盈换掉，让刘如意当太子，吕后能不生气吗？

有好几次，刘盈的太子之位，可谓岌岌可危；若不是大臣们力保，恐怕刘邦就真换太子了。

作为一个对宫廷政治很了解的人，吕后深知换太子的巨大风险。在帝王后宫，经常是"母以子贵"（母亲因为儿子尊贵而尊贵），普通宫女如果给皇帝生了个儿子，地位马上会得到大幅度提高。儿子成了太子，母亲将来一般就会成为太后；刘如意成了太子，如果登基，意味着戚夫人将来有可能也成为太后，至少和吕后会平起平坐。

同时，刘盈的太子之位被废，吕后会遭到刘邦更进一步的冷遇，皇后之位能否保住，还很难说；即便保住了，将来戚夫人利用儿子刘如意的权势杀掉自己，也是分分钟的事儿。

宫廷斗争，不是你死，就是我活。

可是，自己那个柔弱的儿子刘盈，似乎对宫廷的险恶一无所知。吕后要杀掉刘如意、斩草除根，刘盈居然处处和自己作对，保护"敌人"！

从吕后的角度而言，对刘盈，可谓恨铁不成钢。

残酷处死戚夫人，还让儿子参观，一方面出于报复心理：你不是和我作对吗？这就是后果！另一方面从吕后的极端心理考虑，或许也存在用这种酷刑来训练儿子，让他也变得冷酷起来的目的，可惜效果适得其反。

画外音：当今社会，我们经常把对子女要求十分严厉、苛刻的爸妈，称为"虎爸虎妈"。吕后可谓是最早的"虎妈"。她未必不爱儿子，但她对儿子的爱，变成了哀其不幸、怒其不争。

吕后对戚夫人的恨、对刘邦的怨，在自己大权在握之后，转化为对儿子的怒。这种怒，让她失去了理智，让她企图用违背人性的残酷去扭转儿子的性格。这样做的结局，注定只会失败。

【原著精摘】

吕太后者，高祖微时①妃也，生孝惠帝、女鲁元太后。及高祖为汉王，得定陶②戚姬，爱幸，生赵隐王如意。孝惠为人仁弱，高祖以为"不类③我"，常欲废太子，立戚姬子如意，"如意类我"。

戚姬幸，常从上之关东，日夜啼泣，欲立其子代太子。吕后年长，常留守，希见上，益疏。如意立为赵王后，几代太子者数矣，赖大臣争之，及留侯策，太子得毋废。

【注 释】

①微时：贫贱之时。

②定陶：地名，在今山东定陶县。

③类：相似，相像。

【译 文】

吕太后是高祖贫贱时的妻子，给高祖生了孝惠帝和女儿鲁元太后（鲁元公主，后封为鲁元太后）。高祖做汉王的时候，在定陶得到戚姬，对她十分宠爱。戚姬给高祖生了一个儿子，即赵隐王刘如意。孝惠帝为人仁慈柔弱，高祖觉得他不像自己，好几次都想废掉太子，把戚姬的儿子刘如意立为太子，因为刘如意在性格等方面和自己相似。

戚姬受到宠幸，高祖带兵征战的时候，经常跟着前往关东。她没日没夜地在高祖面前啼哭，让高祖立她的儿子为太子，取代原来的太子刘盈。吕后年纪比较大，经常留守在关内，很少见到高祖，关系越来越疏远。刘如意被封为赵王以后，有好几次差点就被立为太子，幸亏大臣据理力争，再加上留侯张良的计谋，太子才没有被废掉。

诸吕为王：儿子去世泪却无

带着问题读《史记》

儿子死了，吕后为什么哭不出泪来？

◎ 白发人送黑发人

对很多人来说，汉惠帝是汉朝历史上几乎可以忽略掉的一个皇帝。登基的时候年幼，他生活在母亲吕后的阴影之下；受到"人彘"的惊吓后，即便吕后让他执政，他也懒得管了。

登基七年之后，汉惠帝刘盈去世，年仅二十三岁。

白发人送黑发人，吕后固然刚毅、残忍，却只有刘盈这么一个亲儿子。虽然恨铁不成钢，对刘盈的柔弱十分不满，但这并不表示她不爱儿子。

作为政客，她甚至会处处掩饰这种爱。

她的内心，或许悲伤到无以复加。然而，展现在群臣面前的场景，却有些诡异。

在满朝文武、天下百姓都为皇上驾崩而哀痛之时，皇帝的

亲妈却只是目光呆滞地坐在那里，发出一声声干号。

她没有泪。

留侯张良的儿子张辟强，十五岁就做了大官，很善于察言观色。皇帝下葬之后，他找到丞相，对他说：

"太后只有孝惠帝（汉惠帝）这么一个儿子，儿子死了，她却只是在那儿干哭，看不出有多么悲伤，你知道是什么原因吗？"

丞相反问他："你觉得是什么原因呢？"

张辟强说："那是因为，太后对局势感到不安，一直在紧张思考，没有时间悲伤！"

这话把丞相吓了一跳。吕后心狠手辣，已是众所周知，她如果对局势感到不安，恐怕又会有不少人遭殃！只有让吕后安心，大臣们才安全。

那么，吕后为什么不安呢？张辟强把原因一说，丞相马上就明白了。

吕后心中一直有个疙瘩，难以解开：汉惠帝和皇后张氏，事实上没有生下任何子女，却有四个儿子。这四个孩子，都是汉惠帝和其他宫女所生，孩子生下来之后，吕后将这些宫女杀死，对外称是皇后亲生的，并立了其中一个为太子。太子年龄太小，吕后担心老臣们借机闹事，和吕后夺权。

和政权的动荡相比，丧子之痛反倒成了小事了。这样的紧要关头，内心极度不安的吕后，的确没有时间悲伤。

"那怎么办？"丞相问。吕后的残忍出了名、无情出了名，很多大臣都有点怕她；让这个老太婆别再闹事，安安稳稳地活到去世，最好不过。

"办法也简单，只要把太后的吕氏族人封为将军，让他们掌控都城的部队，太后因为自己人掌握了军队，就会心安了。"

丞相于是照着张辟强的办法去做，将吕后的侄子吕台、吕产、吕禄等人封为将军，统领守卫都城的南军和北军。

吕后对这一"拍马屁"的行为，内心感到十分高兴，但她也没时间高兴，因为这块石头落了地之后，她马上把精力转到了死去的儿子身上，放声痛哭，眼泪如小河般流淌。

局势安定，她终于有时间悲伤了。

吕氏家族的权势，也越来越大了。

◎ 诸吕为王

当年，刘邦担心刘家的天下被他人夺走，和元老、大臣定下了"白马之盟"，规定"非刘姓不能为王"。这给吕后进一步扩大吕氏的权力，制造了障碍。

不过，规矩是死的，人是活的；有人可以定，自然就有人可以改。她先问右丞相王陵："姓吕的可以封王吗？"

王陵是个愣头青，不吃吕后这一套，干干脆脆顶了回去："当年高祖说了，哪个异姓敢封王，天下可以群起而攻之！"

吕后自讨没趣，对王陵十分怨恨。于是又问左丞相陈平和大臣周勃，这两人却圆滑得多："唉，太后何必顾忌那么多？当年

高祖打天下，规定刘姓为王；如今您执掌天下，封自己的兄弟、子侄为王，有什么不可以的呢？"

吕后大喜。

王陵则大怒，他找到陈平、周勃，指责他们："当年高祖定下'白马之盟'的时候，你们难道不在旁边吗？真是人走茶凉，高祖死了，你们就不拿他的命令当回事了！"

陈平、周勃相视一笑："政治斗争，岂能像你这样不讲策略？"随后说道："论据理力争、当面驳斥，我俩不如你；若论保全刘氏江山社稷，恐怕你又不如我们了！"

事实的确如此。此后不久，王陵被吕后夺去相权，告老回乡；而陈平、周勃继续掌握实权，在最后铲除诸吕的过程中立下了汗马功劳。

⊛ 荒唐的"亲上加亲"

汉惠帝的皇后没有儿子，这是吕后内心的一大症结，也是她在汉惠帝去世后"哭而无泪"的重要原因。

然而，这完全属于作茧自缚，是吕后自己一手造成的。

汉惠帝的皇后姓张，表面上，她怀孕了，甚至先后生了四个儿子。可惜，怀孕是假的，儿子们也是假的。假儿子中的太子登基做了皇帝，被称为"前少帝"。

为什么张皇后会有四个假儿子呢？此事说来话长。

当年，戚夫人几次三番跟刘邦吹枕头风，要求换掉太子刘盈，改立自己的儿子刘如意为太子，险些得逞。这一事件，带来了两个后果：

其一，是吕后在刘邦死后，残酷虐杀戚夫人，毒杀刘如意。

其二，是让吕后认识到了一点——必须警惕皇帝身边的女人。

刘邦死了，皇帝成了汉惠帝；汉惠帝身边权力最大的女人，就是皇后。

身为太后的吕雉，年龄已大，总有一天会去世；去世之后，权力最大的女人，就是汉惠帝的皇后。汉惠帝这么柔弱，皇后会不会趁机干预政事，对吕氏家族不利？

这是吕后十分担心的。所以，在她眼中，汉惠帝的皇后人选，必须是绝对可靠的自己人。

在这一理念之下，她给汉惠帝选择的皇后，令人瞠目结舌。

皇后是谁呢？这个问题，皇帝自己做不了主，吕后拥有绝对控制权。

吕后给刘邦生有一子一女，儿子是汉惠帝刘盈，女儿被封为鲁元公主。

为什么《史记》在提到鲁元公主的时候，会称呼她为"鲁元太后"？当时的太后，不是吕雉吗？不错，吕雉是太后；但鲁元公主也可以是太后，而且也的确被封为太后了。

怎么？看糊涂了？的确容易糊涂，因为吕后把关系弄乱了：鲁元公主成了弟弟（汉惠帝）的岳母！

换句话说，鲁元公主的女儿，做了汉惠帝的皇后！

听明白了吗？

汉惠帝娶了自己亲姐姐的女儿，作为皇后！

这就是吕后荒唐的"亲上加亲"！

这哪里是什么"亲上加亲"！这分明是权力造就的怪胎！

让外甥女嫁给舅舅做皇后，目的绝不是什么"亲上加亲"，而是吕后为了进一步掌控后宫、掌控权力，而导演的荒唐剧！或许她很想和秦始皇一样，让自己的权力在自己死后绵延不息。

只有自己的亲外孙女做了皇后，她才放心；因为只有这样，皇后的儿子（一般也是未来的太子甚至皇帝）才会在自己一手掌控之中，防止出现对吕氏集团的反扑。

汉惠帝不是傻子，吕后的心思，他能看不出来？但对他而言，让自己的亲外甥女做皇后，还是太恶心了。但他无法和强势的吕后对抗，只能无声地反抗，导致张皇后的皇后之位有名无实，根本不可能生孩子。

儿子的反抗，吕后又气又恨，却又无可奈何。最终，她决定瞒天过海，找了几个宫女，秘密地和汉惠帝生活在一起，先后生了四个儿子，对外谎称是皇后生的。

然而，没有不透风的墙，不知是哪里走漏的消息，少帝居然知道了真相。他年幼无知，不知道宫廷险恶，说道："母后（张皇后）怎么能杀死我的母亲，夺我做儿子呢？现在我还小，等我长大了，一定报仇！"

这番话，很快传到了吕后耳朵里。

吕后阴冷地一笑：小皇帝本来就是她临朝称制的障碍，现在你居然把把柄主动送上门来！一不做、二不休，趁机杀了小皇帝，省得将来麻烦！

很快，大臣们听到消息：少帝病了，而且病得很厉害，没法接见大臣了！

吕后随后对大臣们说："堂堂一国之君，病成这个样子，昏昏沉沉、胡言乱语，怎么能担当治理天下的大任呢？我看，还是换个人比较合适！"

于是少帝被废，被囚禁起来；不久之后，被吕后秘密杀死。

吕后把皇后的另一个假儿子刘义立为傀儡皇帝，改名刘弘。这就是"后少帝"。

既然叫"后少帝"，很明显，他的命运不会比"前少帝"

好到哪里去。

【注释】

　　①刑白马盟：杀白马进行盟誓。刘邦此举，说明对吕后早有提防，防止诸吕篡国。

【译文】

　　太后代行皇帝的职权打算把吕氏子弟封王，于是询问右丞相王陵。王陵说："当年，高祖杀白马盟誓的时候说：'不是刘氏子弟而称王的，天下人要群起而攻之。'现在封吕氏子弟为王，是违背盟约的。"太后听了，很不高兴。她又问左丞相陈平、绛侯周勃。周勃等人回答说："高祖平定天下时，封子弟为王，如今太后临朝称制，封弟兄和吕氏子弟为王，也没什么不可以的。"太后很高兴。

刘氏反扑：富贵不过梦一场

带着问题读《史记》

吕后为了让吕氏后人长期把持朝政，在王公大臣中埋下了哪两种"地雷"？

◎ 吕后埋下两种"地雷"

汉惠帝这个傀儡皇帝，一共干了七年；他去世后，吕后临朝称制（代理行使皇帝职权），又干了八年。

为了确保吕氏政权稳固、防范刘氏反扑，吕后在朝廷和大臣身边，埋下了很多"地雷"；一有风吹草动，这些"地雷"就可能被引爆。

第一种"地雷"，是姓吕的女子，也就是和吕后有着或近或远血缘关系的女子。

她大搞包办婚姻，让这些吕姓女子嫁给需要重点关照的大臣，尤其是一些可能存有异心的刘姓王爷，比如赵王刘友。

嫁给他们的目的，一个是拉拢；如果无法拉拢，也可以起到

监督作用，有什么新动向、新苗头，吕后马上就知道了。

不过，也有的时候，风吹草动的不是谋反、叛乱，而是争风吃醋。赵王的妻子吕氏，就闹了这么一出。

赵王刘友对吕后的包办婚姻不满意，不喜欢吕氏女子，对另一个妾倒是十分宠爱。吕氏女很生气，就到吕后那里打小报告，说赵王准备在吕后去世之后攻击吕氏一族。

这个小报告可戳中了吕后的软肋，她最怕的就是这个！赵王因此被召到长安处死。

因为争风吃醋，就把老公给整死了，这个吕氏女，也算一绝。

另一种"地雷"，就是被安插到军队中的吕后的侄子们。对朝廷来说，最重要的部队，就是长安城内的禁卫军。禁卫军分为南军和北军，北军被吕禄把持，南军被吕产掌控。

公元前180年的夏天，把持朝政已经十五年的吕后病重，感到时日无多，她把吕产、吕禄两个侄子叫到病榻前，叮嘱他们道：

"高祖皇帝平定天下之后，曾有'白马之盟'，约定'若有不姓刘而称王的，天下人可群起而攻之'。我们吕氏打破了这个规矩，称了王，大臣们都暗中愤愤不平。我快不行了，皇帝（后少帝）还小，大臣们弄不好会叛乱。你们一定要控制好部队，对葬礼不用太专注，当心别人偷袭！"

枪杆子里出政权，吕后对此认识深刻。

可是，她埋下的这两种"地雷"，有的没炸响，被"排雷工兵"给排掉了；有的姿势不对，炸错了方向，炸到了吕氏自己人。

◎ 先下手为强，却被"雷"误伤

不久，吕后就去世了。

她一去世，吕氏大臣仿佛失去了主心骨，忐忑不安，很担心刘氏集团打击报复。

刘姓诸王靠岁月熬死了吕后，终于熬出了头，自然也是蠢蠢欲动，准备从吕氏诸王手中夺权。

吕氏虽然掌握了长安城的部队，可不要忘了，刘姓的齐王、楚王等人，不在京城，却也有自己的武装。如果齐王带兵攻打长安，长安城内忠于刘氏的王公大臣必然会响应，里应外合，攻破长安禁卫军并不困难。

虽然大权在握，但吕氏诸王对此却十分担心。最终，他们决定：先下手为强，赶在刘姓王反扑之前，发动政变，先把"拥刘派"解决掉！

商议已定，却没有行动；因为此时朝廷之内，还有几个高祖时期的大臣，位高权重，不太容易对付。

他们一犹豫，吕后安排的一个"地雷"，却突然引爆了。

这个"地雷"，就是吕禄的女儿，也就是吕后的侄孙女。吕禄的女儿嫁了个刘姓的王侯——朱虚侯刘章。虽然是包办婚姻，这次却不同以往，吕禄的女儿对身强力壮的刘章似乎十分满意，她既不想刘章被吕氏杀死，更不希望自己在叛乱中遭到诛杀。思前想后，她最终决定背叛吕氏、支持刘氏，把消息告诉了老公刘章。

这一情报，对刘章来说，可谓至关重要。他没有犹豫，决定

抢在敌人之前下手：马上联系身在临淄、实力强大的诸侯王——齐王刘襄，让其发兵西征，里应外合，进攻长安！

齐王得到消息，决定起兵，他发布檄文，历数吕后专权的罪恶，声讨吕氏诸王的无道，号召天下诸侯共同起兵，攻打"不该为王的人"。铲除吕氏诸王的斗争，由此拉开大幕。

消息传到都城，身为相国的吕产让颖（yǐng）阴侯灌婴率兵出征，抵抗齐王的军队。

对吕氏集团来说，让灌婴带兵出征，是一个致命的错误。因为，灌婴是刘邦手下的功臣，垓下之战后，用五千骑兵追击项羽的，就是灌婴。

灌婴，是毫无疑问的"拥刘派"。明知道他是"拥刘派"，为什么还用他呢？一是因为吕氏集团里面，实在找不出能带兵打仗的将

领；二是灌婴虽然是开国功臣，但外表老老实实，从来没对吕后、吕氏集团说半个"不"字。

然而，这个老实人却在关键时刻翻脸，导致吕氏集团彻底覆亡。

灌婴领兵，到了战略要地荥阳，停下不走了。他在想一件事情："我该站在哪一方？"

他很容易就想通了——或许吕产把兵权交给他的那一刻，他就已经做出决定了："天下本来是刘氏的，却被吕氏偷吃了；现在，刘氏想要夺回来，也是应该的。我如果帮着吕氏打刘氏，岂不成了为虎作伥？"

于是他让人告诉齐王和其他诸侯："咱们是一伙的，你们先回去，等吕氏叛乱的时候，再合伙打吕氏吧！"

齐王刘襄起兵，有两个目的：第一是铲除吕氏集团，第二是企图称帝。

在第一个目的上，他和灌婴完全一致；在第二个目的上，就有分歧了——毕竟当时名义上还有皇帝（后少帝），就算后少帝被废，可以当皇帝的人选也很多，能不能轮到他，还是未知数。

但当皇帝这个事，是不能公开说的，公开说无异于谋反；在铲除诸吕方面，既然灌婴这么说了，自己就没有理由继续西征了。

何况，灌婴占领了军事要害荥阳，要想硬冲过去、进逼长安，难度极大、风险太高。

齐王于是带兵回了临淄（齐都），灌婴则留在了荥阳，虎视眈眈，盯着吕氏。

⊗ 最后决战

灌婴叛变，让吕禄、吕产等人叫苦连天。京城禁卫军虽然兵强马壮，毕竟数量有限。

想造反，又不敢，只好干瞪眼。

"拥刘派"老臣周勃等人，趁机实施心理战，找人劝说吕禄："你身为赵王，却留在京城，刘姓王和大臣们早晚会打击你！何不把兵权交给太尉周勃，自己回到赵地，逍遥自在？"

赵王吕禄觉得很有道理，动了回到封地的心思；只可惜上贼船容易、下贼船难，吕氏这个贼船，不是那么好下的！他和梁王吕产等人商量，吕产犹豫不决；他的一个姑母得知此事，将其大骂了一顿，吕禄只好暂时作罢。

然而，"拥吕派"的水平实在不高。一个"拥吕派"大臣的使者向相国吕产汇报的时候，居然不知道让他人回避，当着平阳侯曹参的面，就指责吕产："你不早点去封地上任，现在即便想去，还来得及吗？"然后，对吕产分析局势："灌婴和齐、楚等诸侯联手，随时可以铲除诸吕，只有先人一步，占据皇宫，才是明智之举！"

吕产频频点头。

平阳侯曹参迅速将此事向太尉周勃做了汇报。

太尉掌管全国军队，却无法直接指挥京城的禁卫军。周勃于是故技重施，再度让人游说吕禄，终于说动吕禄，把兵权交给周勃，吕禄脚底抹油——溜了。

"拥刘派"兵不血刃，掌控了禁卫军的北军。

可是，还有南军呢。太尉周勃、丞相陈平等人迅速行动，在未央宫与吕产决战，杀死吕产；随后乘胜追击，吕禄等吕氏大臣，也被铲除。

一场血雨腥风之后，吕后的残留势力差不多被消灭干净了。这个时候，大臣们又想到了一个问题：皇帝（后少帝）的问题。

小皇帝怎么处理？

大臣们的讨论结果如下：

前少帝和后少帝，都不是汉惠帝的亲儿子，是吕后用欺诈手段夺来的。这些人长大后，必定专权，还是在年长的诸王中间，选择一个，立为皇帝，比较稳妥。

——等等！前少帝、后少帝不是汉惠帝和宫女生的儿子吗？怎么在大臣们口中，连汉惠帝的儿子都不是了？

这就叫"哑巴吃黄连——有苦难言"。汉惠帝和宫女生的四个儿子，都是秘密生的，宫女随即被灭口；吕后和张皇后造假，硬说他们是皇后的儿子，结果假象被戳破，连汉惠帝的儿子这个名分也保不住了！

你只要有一点是假的，我就敢说你全是假的——这就是政治

的权谋之术。

谁来接任皇帝？有人推荐齐王刘襄。

没错，他挺合适。他爹是汉高祖刘邦的长子刘肥，他是汉高祖的长孙。长子长孙，虽然刘肥不是嫡子，继位也是合适的。

有人提出反对意见："齐王的母亲，家族势力很大，他当了皇帝，弄不好会重蹈吕后专权的覆辙！"

"哎呀对呀！"很多大臣附和。于是刘襄被否定了。

有人提出了另一个人选，也是因为"母亲家族不善"而被否定。

真是"一朝被蛇咬，十年怕井绳"啊！

思来想去，大家想到了一个最合适的人选——代王刘恒。

代王刘恒，是汉高祖刘邦的儿子，和汉惠帝同父异母。

为什么选择他呢？被吕后专权弄怕了的大臣们，原则只有一个：只要他母亲家族势力弱，就比什么都强！

刘恒的母亲薄氏地位不高，而且处处隐忍、不露锋芒，一副温顺的模样，和霸道的吕后形成了鲜明对比；刘恒如果当了皇帝，肯定没有太后专权的危险。

好吧，就他了！

于是，偏远之地的代王，一夜之间花开满园，进了繁华的长安，成了大汉朝的皇帝。

他，就是汉文帝。

画外音：刘恒的成功，有很大的运气成分。如果不是刘姓诸王被吕后铲除殆尽，如果不是自己的母亲十分隐忍，他不仅很难活到诸吕被铲除之后，更不可能成为皇帝。

成功，需要努力，也需要机遇——甚至那么一点点运气。

【原著精摘】

太史公曰："孝惠皇帝、高后之时，黎民得离战国之苦，君臣俱欲休息乎无为，故惠帝垂拱①，高后女主称制②，政不出房户，天下晏然。刑罚罕用，罪人是希。民务稼穑，衣食滋殖。"

【注释】

①垂拱：垂衣拱手，不参与政事。

②称制：即以皇帝的名义发号施令。皇帝颁布的命令称为"制"。

【译文】

太史公说："在孝惠皇帝和高后（吕后）在位时期，百姓脱离了战国的苦难，皇帝和大臣们都希望天下能够休养生息，清净无为，孝惠皇帝垂衣拱手，不干预政事，高后作为女主，代行皇帝职权，发号施令不出门户，天下却十分安定。刑罚使用得很少，犯罪的人寥寥无几。老百姓辛勤耕种，衣食不断增多。"

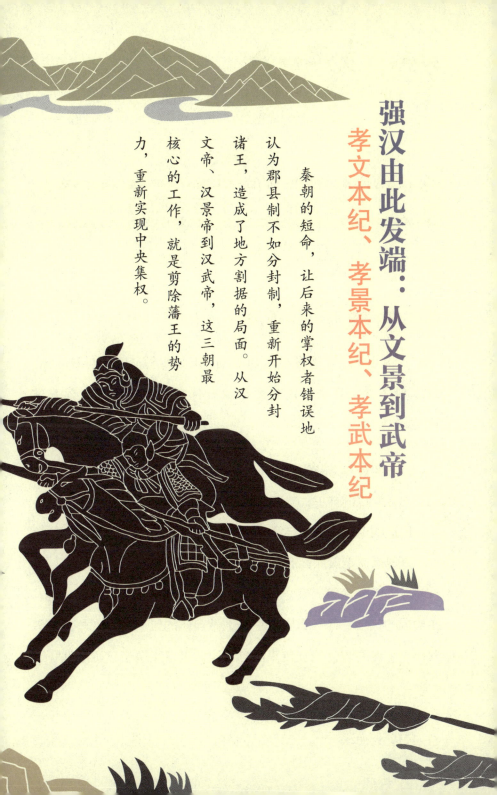

强汉由此发端：从文景到武帝

孝文本纪、孝景本纪、孝武本纪

秦朝的短命，让后来的掌权者错误地认为郡县制不如分封制，重新开始分封诸王，造成了地方割据的局面。从汉文帝、汉景帝到汉武帝，这三朝最核心的工作，就是剪除藩王的势力，重新实现中央集权。

仁爱文帝：三十年后政乃成

我国古代，有很多残忍的酷刑，比如挖掉膝盖、割断肢体、脸上刺字等。后来，这些酷刑被一位皇帝给废除了，你知道他是谁吗？

◎ 老谋深算的厚道人

老谋深算的帝王，赵匡胤算一个。

厚道的帝王，宋仁宗算一个。

既厚道又老谋深算的，汉文帝算一个。

他的老谋深算，突出体现在"馅饼"砸在他身上的那一刻。在偏远的代地，他一直安安稳稳地做自己的代王，一副与世无争的样子；这时候，长安传来消息，让他进京当皇帝，可把他吓了一跳。

手下的大臣，分两种意见。

一派说：不能去！

为什么呢？长安这个大陷阱，您还看不出来吗？那些大臣们打的什么小九九，不是明摆着吗？论资历，楚王刘交（刘邦的弟弟）、吴王刘濞（bì）（刘邦的侄子，刘仲之子）难道不比您资格更老？论实力，齐王刘襄（刘邦皇长孙，刘肥之子）、淮南王刘长（刘邦第七子，虽非吕后所生，但由吕后抚养长大）哪个比您差？为什么这些朝廷大臣不选他们，偏偏选您？

其实还有一层意思，没有直说：朝廷大臣之所以拥立你当皇帝，只不过是觉得你老实，好操纵罢了！

另一派则表示反对：这是天意，为什么不去？

这一派啰啰唆唆说了很多，无非是驳斥对方，他们有一点说得很到位：刘氏自高祖刘邦以来，得到了人民的拥护，民意站在刘氏一方！

铲除诸吕的时候，太尉周勃曾经在军中发令："士兵们，你们可以自由选择，支持刘氏的，袒露左臂；支持吕氏的，袒露右臂！"

结果，士兵们全都袒露左臂，表示支持刘氏。这说明，刘氏政权有着广泛的群众基础，即便大臣想要叛乱，难度也会极大！老百姓都支持你，你还怕什么呢？为了刘家江山，难道不该放手一搏吗？

天上掉下这么大一个馅饼，不想吃是不可能的。但刘恒没有匆忙做出决定，而是去和自己的母亲薄氏商量。

　　薄氏一生，经历坎坷，甚至可谓多灾多难，人生的磨砺消磨了她的锐气，让她变得隐忍、低调，几乎从来不和别的女人争风吃醋。

　　作为刘邦的妃子之一，和她性格截然相反的，有一个人——戚夫人。

　　结果，戚夫人惨死，薄氏毫发无伤，自己和儿子刘恒都在吕后的残酷杀戮中幸存了下来。

　　因为吕后压根就没把薄夫人放在眼里，有儿子又怎样？老实巴交，窝囊废一个！

　　敌人的无视就是最大的安全。就这样，刘恒安安稳稳地做了十七年代王，薄氏风平浪静地当了十七年王太后。

　　现在，儿子忽然要变成皇帝，自己要变成皇太后！薄氏不是欣喜，而是紧张，拿不定主意。无奈之下，还是让"鬼神"来说话吧！

　　于是，找人占卜。

　　占卜的结果，是刘恒会当"天王"！这么神奇的预测，恐怕是占卜之人早就摸透了刘恒的心理，顺着他的心思，拣好听的说呗！

　　刘恒外表十分冷静，说道："我已经是王了，还做什么王？"

　　占卜之人连忙说："卦辞里说的天王，指的就是天子。"

　　两人一唱一和，终于达到了一个目的：证明刘恒继承帝位，确实属于天意。

那就走马上任呗！不，老谋深算的刘恒，决定派人试探一下。

先是让自己的舅舅（薄氏的弟弟）去长安，看看情况。舅舅回来之后说："没事，去吧，看来不是假的。"

这下，刘恒放心了，准备进京。到了长安城外，他又停下了，派自己另一个手下，再次去京城打探，以防情况有变。

大臣回来汇报："没什么变化，一切正常。"刘恒这才把心放进了肚子里，安安稳稳地做起了皇帝。他，就是汉文帝。

废肉刑　废连坐　减徭役

汉文帝当皇帝的第十三年夏天，发生了一件事。

齐国的太仓令（官名）淳于意，犯了案子，被押往长安监狱。

那个年代的人，都有很重的传宗接代的封建意识，只有生了儿子，才能传宗接代；可淳于意偏偏没有儿子，生了五个孩子，全是女儿。

他被抓捕的时候，又急又气，冲女儿们骂道："生女孩有什么用！遇到急事，也帮不上忙！"

他最小的女儿，名叫淳于缇萦（tí yíng），本来就为父亲担心，又听父亲这么说，不由得哭了起来。她暗下决心："谁说女子不如男，我一定要帮父亲一把！"

她跟着押送父亲的囚车，一路西行，到了京城长安。她给朝廷写了一封信，也就是我们经常说的"上书"：

"我的父亲为官廉洁、公平，如今犯法，要遭受刑罚。死亡的人，不能复生；肢体被割断，就无法再连接上。在这种情况下，即便想要改过自新，也没有办法了。我愿意入官府做低贱的奴仆，来抵我父亲的罪，让他有一个改过自新的机会。"

汉文帝感叹缇萦一片孝心，下令废除肉刑！砍脚断足、脸上刺字、割掉鼻子等肉刑，全被废除了。

宽松刑罚、仁爱厚道，是汉文帝执政的重要特点。其实，他继位之初，就废除了秦朝以来的"连坐"刑罚；他还减轻徭役、削减卫队，甚至亲自耕种，鼓励进行农业生产，老百姓的负担大为减轻。

有一次，他要建一个露台，让人算了算，大概要花费一百金。文帝掂量了一下，有点舍不得了："一百金，相当于十户中等人家的全部产业了！我现在住着先帝以前住过的宫殿，都感到太豪华、太奢侈，为此惶恐不安，露台还是不建了吧！"

汉文帝一生节俭，甚至死后也要求薄葬。在生命的最后岁月，他下了这样一道诏书,感动了天下人："人没有不死的,很多人死后,还要厚葬，还要让子孙们长期守孝，这是没有道理的。我死之后，天下为我举丧，只要三天就可以了，然后该干嘛干嘛去。丧事期间，老百姓们结婚、嫁娶、娱乐，该怎样还怎样，不要因为我就不搞了。丧事的规格要降低，能节省的一律节省！对了……还有后宫，自夫人以下七个等级的宫女，都让她们回家，和家人团圆，该嫁人的就嫁人吧！"

生前爱惜民力，死后爱护人民，这样的皇帝，整个历史中很难找出第二个来。

汉文帝这道遗诏，不仅感动了天下百姓，也在历史上留下了浓墨重彩的一笔。堂堂皇帝，不惧死亡，降低丧葬规格，实在难能可贵。

这道遗诏感动了历史，却没打动他的孙子——汉武帝刘彻。汉武帝对爷爷的教导置若罔闻，迷恋长生、迷信鬼神，给自己原本辉煌的一生留下了重重阴影。

汉文帝执政，主要是做减法：减轻刑罚、徭役，无为而治，

让老百姓休养生息。他和儿子汉景帝统治时期，政治清明，天下
安定，史称"文景之治"。

如果单看政绩，汉文帝和汉景帝，似乎成绩都不是很大；但
他们的确体现了"功成不必在我"的境界，三十年的文景之治，
让汉朝蓄积了大量的能量，并最终在汉武帝时期爆发，铸造了强
汉的辉煌。

【原著精摘】

尝欲①作露台②，召匠计之，直百金③。上曰："百金，
中民十家之产，吾奉先帝宫室，常恐羞之，何以台为？"上
常衣绨衣④，所幸慎夫人，令衣不得曳地⑤，帏帐不得文绣，
以示敦朴，为天下先。治霸陵⑥，皆以瓦器，不得以金银铜
锡为饰，不治坟，欲为省，毋烦民。

【注释】

①尝欲：曾经想要。

②露台：赏景的楼台，汉文帝想要修建的这个露台在今新丰
南骊山上。

③直百金："直"通"值"，即价值一百金。"金"为汉代
的黄金货币单位，一金大概相当于铜钱一万，百金也就是一百万
铜钱。

④衣绨衣：第一个"衣"为动词，"穿衣"之意。绨衣，黑色的粗丝衣。

⑤令衣不得曳地：古代贵族女子经常身着华服，裙装有很长的后摆拖曳于地面。此处意为穿着不拖曳地面的短裙，以节省布料。

⑥治霸陵：治，修建。霸陵，汉文帝的陵寝，在今西安市北。

【译文】

曾经想要建一个露台，让工匠计算费用，需要花费一百金。文帝说："一百金，相当于中等百姓十家的家产了。我奉守先帝的宫室，还常常担心给它带来羞辱，建这露台干什么呢！"文帝经常穿着粗丝衣服，连所宠爱的慎夫人，衣服也不准拖至地面（目的是节省布料），帏帐不得织文绣锦，以此来表示敦厚朴素，给天下人做表率。给自己建的陵寝——霸陵，全部采用瓦器，不许使用金、银、铜、锡作装饰，不修高大的坟冢，目的是尽量节省一些，避免加重百姓负担。

景帝削藩：心急难吃热豆腐

带着问题读《史记》

强势的窦太后，一直想在汉景帝去世后，让小儿子梁王继承帝位，最后却改变想法，把梁王打发回封地了。她的态度为什么会一百八十度大转弯呢？

当皇帝，运气很重要

前面说过，汉文帝运气很好。本来，皇帝无论如何也轮不到他头上，因为他看上去老实、厚道、不露锋芒，诛杀吕氏的功臣们讨论来讨论去，最终还是选了他。

他儿子汉景帝，名叫刘启，运气也不错。

他的生母窦氏，就是后来大名鼎鼎的窦太后，运气也不错。

当年，吕后为了安抚刘姓诸侯王，从自己身边的侍女中挑选了一批美女，送给诸侯王，每人分五个。窦氏就是其中一员，她家在赵国，于是贿赂宦官，希望分到赵王身边。

没想到，阴差阳错，宦官一忙，就把这茬给忘了，把她分给了代王刘恒。

这一错，运气好。几任赵王都被吕后给干掉了，如果去了赵王那里，估计日子不会好过。

代王呢？后来却成了皇帝。

窦氏给代王生了两个儿子——刘启和刘武，地位在王府得到了很大提升。可是，代王的王后更能生，一口气生了三个儿子！

自己生俩，人家生三个，真是小巫见大巫。

没想到，王后一场急病，突然去世了。这下，生有两个儿子的窦氏，便成了王府中最重要的夫人。

后来代王成了皇帝，窦氏地位进一步提升；可原来的王后还有三个儿子呢，要想立太子，也轮不到她的儿子啊！

也不知道是不是遗传了母后的基因，王后生的这三个儿子，居然相继病死了！这对汉文帝来说，实在是一件十分哀痛的事；但对窦氏来说，却是大好机会。

大臣们建议皇帝早立太子，这时候，前王后生的儿子都死光了，窦氏的儿子刘启年龄最大，只能立他为太子了。

于是，刘启成了太子。母凭子贵，窦氏因此被立为皇后。

可以说，刘启能够成为太子并最终登基，有很大的运气成分。"狗屎运"硬往头上砸，没办法的事儿。

☺ 老太太们不好对付啊

汉文帝驾崩，刘启登基，这就是汉景帝。

自从成了皇帝，刘启的运气仿佛就戛然而止了。掰着指头数数他当皇帝这十六年的大事，基本上就是：熬死自己的奶奶，废皇后；熬死自己的亲妈，换太子；和自己的堂叔——吴王刘濞斗，枉杀晁错，勉强平定了"七国之乱"……

登基前要啥来啥，登基后喝口凉水都塞牙——这就是汉景帝的一生。

汉景帝登基的时候，自己的奶奶、刘邦的老婆之一——薄氏还健在，按规矩，她已经是太皇太后了。

薄氏倒是没干预别的，只插手了一件事——婚姻。刘启被立为太子的时候，老太太"先下手为强"，给孙子找了自己娘家的薄姓女子，作为太子妃。

当时的太子刘启，很不喜欢这个包办婚姻；不过他是个有城府的人，对德高望重、根深叶茂的奶奶，哪敢说半个"不"字？

刘启登基的时候，薄太皇太后还活着，只好让太子妃薄氏做了皇后，但他内心可憋屈着呢。太皇太后毕竟年纪大了，汉景帝登基十个月之后，就去世了。

又过了几年，汉景帝就把薄皇后给废掉了。

熬死了薄太皇太后，你以为汉景帝就松了口气吗？没有。一个更厉害的老太太等着他呢——这就是大名鼎鼎的窦太后，汉景帝的亲妈。

多年的媳妇熬成了婆，窦太后原来还有婆婆薄太皇太后镇着，太皇太后一死，她就无所顾忌了。太皇太后只是干预孙子的婚姻，她更狠，开始干政，而且肆无忌惮。

她干政最主要的一点，是动摇国本。什么是国本？古代帝国，皇帝的继承人就是国本。谁当太子，皇位谁来继承，是个极其重要，弄不好就让帝国伤筋动骨的重大事件。

窦太后有两个儿子，大儿子刘启做了皇帝，小儿子刘武被封为梁王，该满足了吧？没有。她想让两个儿子都尝尝做皇帝的滋味！

而且，理由也挺充分：你爹汉文帝，就是接你二大爷（汉惠帝）的班，做了皇帝的。

就是说，汉初第二任皇帝属于"父死子继"（父亲去世、儿子登基），第三任皇帝却是"兄终弟及"（哥哥去世，弟弟接班）。那第四任皇帝也用"兄终弟及"的办法，有什么不可以吗？

她屡次三番提出要求，让汉景帝答应把弟弟刘武作为储君。

汉景帝的城府，比他妈妈还要深，表面上，他对此并不反对。有一次，太后、皇帝举行家宴，亲戚朋友来了不少，其中就有窦太后的侄子窦婴。

这个时候，汉景帝还没有立太子，酒酣耳热之际，汉景帝忽然说了一句话："等我千秋（去世）之后，帝位传给梁王（刘武）！"

窦太后一听，当时就乐成了一朵花：这孩子，太会说话了！

的确，汉景帝只是"会说话"，但他心里并不是这么想的；之所以这么说，纯粹为了逗太后开心。

窦太后有没有当真，咱不清楚；毕竟这是家宴，又是酒后的话，就算你皇帝金口玉言，也可能反悔。可有一个人当真了，那就是

窦太后的侄子窦婴。

他站起来反对："高祖皇帝平定天下的时候，定下的规矩是父死子继，怎么能传位给弟弟呢！"

这下，可把窦太后给得罪了。

这一幕，是不是汉景帝和窦婴联手上演的一出戏，也未可知。窦婴还是很得汉景帝信任的，汉景帝登基的第三年，窦婴被任命为大将军，他和太尉周亚夫一起，平定了七国之乱。

换句话说，在这次家宴上，窦婴具有双重身份：他既是太后的侄子、皇帝的表兄弟，也是朝廷大臣。他在家宴上公开反驳皇帝"传位给梁王"的说法，目的是暗示窦太后：皇帝传位给弟弟，不合规矩，大臣们不答应啊！

汉景帝、窦婴联手，一个唱红脸，一个唱黑脸，表明朝臣的态度，并非没有可能。

通过窦婴表明朝臣的态度之后，很快，汉景帝就把儿子刘荣立为太子。儿子成了太子，弟弟梁王自然就没戏了。

窦太后生气，也没办法。谁让儿子的城府比她深呢？

可是，几年之后，又出事了。汉景帝因为种种原因，把刘荣贬为临江王，太子被废了。

窦太后立即得到了机会。太子被废了，正好让你弟弟梁王当储君！

汉景帝废太子的时候，想必十分纠结。他知道，废了太子，正好给老妈一个机会，梁王肯定也会跳出来争当储君。但他没硬来，没有立即宣布新太子人选，而是等了四个月。

这四个月，正是窦太后和梁王闹得最欢的时候。汉景帝也没闲着，他没有自己出面，悄悄找了几个大臣，让他们去劝老太太。

这几个大臣，显然是谈判高手。他们没和老太太讲道理，而是给她讲故事：

"当年有个国家，也是这样，哥哥死了，传给弟弟；当时说得挺好，弟弟死后，再把王位传给哥哥的儿子，这样循环起来，大家都能轮流做一遍帝王，多么好的事儿！

"理想很丰满，现实很骨感，结果弟弟想把王位传给侄子的时候，自己的儿子不干了，于是杀了堂兄，自己当王……"

这个故事明明白白地告诉窦太后：你的想法很美妙，但你的孙子们，恐怕要自相残杀、血流成河了……

老太太疼爱小儿子，更疼爱孙子们。她能眼睁睁看着孙子们自相残杀吗？梁王的儿子是她亲孙子，汉景帝的儿子就不是她亲孙子了？

这个故事戳中了太后软肋，她幡然醒悟，责令梁王离开长安，从此再不提让他当储君的事了。

老谋深算的汉景帝，再胜一局，把刘彻立为太子。这个人，就是大名鼎鼎的汉武帝。

◎ 七国之乱

选择了刘彻这么一个杰出的接班人，是汉景帝最大的成绩

之一。除此之外，就是削藩了。

所谓削藩，就是削减诸侯王的势力，把他们的一些郡收归中央。这是必须做的一件事，而且极其重要。不削藩，国家的统一、安定，都会很成问题。

提出削藩建议的，是大臣晁错。

在晁错的建议、倡导之下，汉景帝逐步削藩，中央的权力得到了进一步加强，却也激起了各地藩王的不满。最终，在汉景帝的堂叔——吴王刘濞的鼓动、率领之下，七个诸侯国发动了叛乱，史称"七国之乱"。

汉景帝和吴王刘濞有点过节，当年，汉景帝还是太子的时候，和吴王刘濞的太子在一块儿下棋，闹了纠纷，汉景帝失手用棋盘打死了吴王的太子。吴王刘濞又悲又怒，当时就有造反的心了；可皇帝汉文帝很有一套，对吴王实行了安抚政策，吴王逐渐消停了。

汉景帝削藩，再次触动了吴王的利益，新仇加旧恨，燃起了他造反、为儿子报

仇的怒火。何况，此一时、彼一时，当年吴王想造反，只是为了个人私利（复仇），其他诸侯王未必响应；现在，吴王造反，打的是反对削藩、维护诸侯王利益的旗号，得到很多诸侯王的响应。

他打出了一个高明的口号："诛晁错、清君侧"。意思是说，我不是造反，我就是看晁错不顺眼！

汉景帝啊汉景帝，你对付窦太后的心眼儿都哪儿去了？吴王的鬼话，他居然信了！

结果，晁错被枉杀。这个人，算是忠臣，倡议削藩，等于和各地藩王对着干，得罪的全是权贵；其他大臣即便知道应该削藩，也会明哲保身，不去碰这个烫手山芋。耿直的晁错，为了大汉的利益，挺身而出，倡议削藩；没想到，杀死自己的，却是自己最信任的皇帝。

杀了晁错，叛军退兵了吗？呵呵，你太天真了。他们的目的是造反，吴王的目的是当皇帝，岂会为了区区一个晁错而退兵？

最后，费尽九牛二虎之力，在窦婴、周亚夫等人的努力下，才把叛乱平定。

可是，忠臣已死。

这就是悲摧的汉景帝。他当政时，最出名的政绩就是削藩；削藩中间，令人印象最深刻的，就是枉杀晁错。

幸亏他选了一个好太子——刘彻。

画外音：晁错并非完人，也有很多小毛病，比如和大臣袁盎闹得你死我活，削藩不讲究策略、操之过急，等等。

但小毛病再多，比不上两个字：无私。他削藩，纯粹是为汉景帝着想；自己，则担了巨大风险。连他爹都吓得要死，劝他说："你这样下去，刘氏安定了，晁氏却危险了！"

单凭这一点，晁错就是忠臣。

【原著精摘】

太史公曰："汉兴，孝文施大德，天下怀安。至孝景，不复忧异姓，而晁错刻削诸侯，遂使七国俱起，合从而西乡，以诸侯太盛，而错为之不以渐也。及主父偃言之，而诸侯以弱，卒以安。安危之机，岂不以谋哉？"

【译文】

太史公说："汉朝建立以来，汉文帝施行大恩大德，天下百姓感怀安居。到了汉景帝，不再为异姓诸侯王而忧虑。然而晁错主张严酷削夺同姓诸侯王的封地，导致七国造反，联合向西发兵。这是因为诸侯王的势力太大，而晁错削藩，又没有循序渐进。等到大臣主父偃提出建议，（被汉武帝采纳后）诸侯王的势力才衰弱下来，国家终于安定了。所以，国家安危的关键，难道不是依靠谋略吗？"

汉武盛世：神没请到鬼却来

带着问题读《史记》

少翁在汉武帝面前装神弄鬼，没想到被精明的汉武帝识破了。汉武帝是从什么地方发现了破绽？

⊛ 有点奇怪的"传记"

《史记》中有一篇文章，题目叫《孝武本纪》，是讲述汉武帝的。不过，这一章有点奇怪。

第一个奇怪的地方在于，汉武帝一生开疆拓土，功绩很大，后人将其和秦始皇并称"秦皇汉武"，《史记》这一篇，对此却基本没提，光说他怎么求神拜鬼了。

第二点在于，《史记》还有一篇文章，叫《封禅书》，《孝武本纪》基本上就是照搬照抄了《封禅书》中关于汉武帝的部分，几乎一模一样。

为什么会出现这种情况呢？

其原因也很简单：

《史记》的作者司马迁和汉武帝两人是同时代的人，司马迁是汉武帝手下的太史令，因为仗义执言，得罪了汉武帝，汉武帝一怒之下，司马迁被判处死刑。

根据当时法律，一个人如果被判死刑，可以用另一种刑罚——宫刑（又称腐刑）来赎罪，免除一死。

此时，凝聚了司马迁父子两代心血的《史记》，正在写作中，司马迁忍辱负重，选择了宫刑，这部伟大的作品最终得以完成。但从内心而言，司马迁对汉武帝的武断、无情，必然无法释怀。

据说司马迁在写《今上本纪》一章的时候，并没有歌功颂德，涉及了汉武帝的一些阴暗面，汉武帝看了之后很生气，让人把这一章给抽走了。不仅关于汉武帝的内容被抽走，他爹汉景帝的内容，也被删减了很多，所以《史记·孝景本纪》很短。

我们就按《史记》现存版本的原貌，给大家介绍一下汉武帝的相关内容吧！

◎ 迷信鬼神，却又很精明的皇帝

俗话说，做了皇帝想成仙；有丰功伟绩的皇帝更想成仙。秦始皇这样，汉武帝也这样。

还好，汉武帝貌似比秦始皇还精明一点，有几次，他差点就清醒了——但最终还是糊涂着。

齐地有个人，名叫少翁，擅长装神弄鬼。汉武帝最宠爱的王夫人死了，他很伤心；少翁投其所好，对皇帝说："这事儿交给我！"

大半夜的，少翁开始装神弄鬼，第一次很成功，居然让皇帝从帷帐中隐约看见了王夫人。汉武帝十分高兴，大加赏赐，甚至封少翁为"文成将军"。

靠表演这么一个魔术、戏法，就当上了将军，少翁大概是汉武帝时期的第一个，却不是最后一个。

可是，戏法终究是戏法，玩多了就容易玩出事儿来。汉武帝说，你既然这么有本事，干脆让鬼神从天上下来，一起聊天、喝酒，岂不更好？

少翁傻眼了。戏法好变，真让神仙下凡，和皇帝一聊天，肯定穿帮——比如，皇帝万一说，你是神仙啊，给我飞一个看看！给我变条龙看看！那不完蛋了？

所以，少翁憋了一年多，也没能把神仙给引到凡间来。眼看皇帝不耐烦了，少翁灵机一动，想了个办法。

他找来一块丝绢，在上面写上了一些文字，悄悄塞到一头牛的嘴里，让牛咽了下去。

这头牛应该不是耕地用的，古人在祭祀的时候经常杀牛来祭天，所以这头牛可能是用来祭祀的。

给牛塞了东西之后，他悄悄回去了，整个过程人不知、鬼不觉，只有他和牛知道这个小秘密。

第二天，该杀牛祭天了。少翁忽然盯住那头牛，说："等等！这头牛怪异，肚子里有东西！"

"你怎么知道？"别人很疑惑。"我当然知道，因为通神仙！"

于是，让人把牛杀了，果然从牛胃中取出了一封"神仙来信"，

上面写着奇怪的文字。

大家都很兴奋，拿给皇帝看。

汉武帝冷笑了。

这明明是少翁的字迹！一个"通神"的人，居然用如此拙劣的手法造假！找人调查，果然是少翁伪造的，汉武帝于是把他秘密诛杀了。

还有一次，汉武帝出巡的时候，路过黄帝的墓，便前去祭拜。

看着黄帝墓，汉武帝大概想到百年之后，自己也是一抔泥土，有些感慨，便问身边的大臣："你们不是经常说黄帝成仙了，没有死，怎么会有坟墓？"

真是伴君如伴虎，在皇帝身边当官，可不是个好活儿：黄帝明明死了，你却说他没死，这可是欺君之罪啊！

估计不少大臣已经满头大汗了。还好，一个大臣脑袋瓜子灵，立即就把这个谎给圆上了："黄帝升天之后，他的臣子把他的衣服和帽子葬在了这个地方，所以有坟墓。"

汉武帝没再往深里追究。其实这个大臣的话也是不靠谱的，照你这么说，天上的神仙都要在凡间留个坟墓了？那还要那么多祭祀用的庙干什么？

汉武帝就清醒了这两次，总体上，他在鬼神方面，还是糊涂的时候多。

同时代的司马迁，就比他清醒得多。这些装神弄鬼的事情，都被司马迁原原本本记录了下来，成了汉武帝一生的污点。

⊛ 拥有四个金印、一个玉印的大将军

在古代，印章是权力的标志；不同级别的人，使用不同的印章，比如皇帝用玉印，王公大臣用金印，等等。

如果王公大臣擅自刻用玉印，属于越级使用，是很危险的，弄不好就被人告发你企图谋反。

可是，有一个大将军，不仅拥有四颗金印，甚至合法地拥有

了一颗玉印。这是怎么回事呢？

这个人的身份，说出来会吓你一跳：和少翁一样，也是一个装神弄鬼的，名叫栾大。

而且，他和少翁是师兄弟。

少翁死了之后，又有人把栾大推荐给汉武帝。栾大在装神弄鬼方面，估计和少翁水平差不多，但他有一个突出的优势：敢于忽悠、善于忽悠。见了皇帝，他就将了皇帝一军，胡吹海侃，把自己说得可以上天入地、无所不能，然后说："我就是怕万一将来和少翁一样，被您杀了，那这些求神拜仙的仙术，可就一个都不告诉您了！"

皇帝在这个"仙人"面前，很客气，连忙搪塞："哎呀那个啥……少翁不是我杀的，是吃马肝吃死的！你好好干，将来大大有赏！"

于是，这个差点明白的皇帝，更加糊涂了，装神弄鬼的一幕，重新在大汉皇宫上演。

汉武帝先是封栾大为五利将军，后来，又在短短一个月内，赐给了他四块金印：天士将军、地壤将军、大通将军、天道将军。

那些在边关征战，脑袋别在裤腰带上打拼才升职的将军，若是知道了，还不得气死！

这还不算，汉武帝把一个公主嫁给了他（看来神仙也要娶媳妇），还亲自到他家去，甚至给他刻了一个"天道将军"的玉印，以表示他不是一般臣子。

汉武帝这么隆重，又是送玉印，又是亲自到他家，目的无非是一个：哥，你倒是把神仙给我请下来，让我看看啊！

就在这里，司马迁用神来之笔，写下了全文最幽默、最讽刺的一句话："神仙没请到，鬼倒是来了不少（神未至而百鬼集矣）！"

真是一个可悲可叹的汉武帝。

最终，栾大和少翁的命运一样，戏法玩久了，被皇帝看出破绽，被杀。

画外音：由于历史的原因，《史记》对汉武帝的记载，只体现了他的局部。

汉武帝是一个有作为的皇帝，一生有无数丰功伟绩，他开疆拓土、西征匈奴，打通丝绸之路，疆域空前扩大。但他也有好大喜功、征战频繁、迷信鬼神、大肆赏赐等缺点，为此，在他的晚年，不得不下《罪己诏》，检讨自己的错误。

敢于"罪己"，勇于承担责任，这样的皇帝，在历史上也是不多见的。

【原著精摘】

其来年冬，上①议曰："古者先振兵泽旅②，然后封禅。"乃遂北巡朔方，勒兵③十余万。还祭黄帝冢桥山④，泽兵须如⑤。上曰："吾闻黄帝不死，今有冢⑥，何也？"或对曰："黄帝已仙上天，群臣葬其衣冠。"

【注 释】

①上：指皇上。

②振兵泽旅：也作"振兵释旅"。振兵，即振扬兵威；泽，通"释"，泽旅即放下兵器、解散军队。振兵泽旅，也就是先耀武扬威一番（比如举行阅兵），然后解散军队，宣示和平。

③勒兵：指组织、操练军队。

④桥山：地名，在今天的陕西省黄陵县，山上有黄帝冢。

⑤须如：地名。

⑥冢：坟墓。

【译 文】

第二年冬，皇上提议说："古代先发扬兵威而后解甲，然后封禅。"于是到北方巡视朔方，统率十余万将士，回来时在桥山黄帝墓前祭祀，在须如解散部队。皇上问群臣："我听说黄帝没有死，为什么却有墓？"有人回答说："黄帝成仙升天之后，他的臣子把他的衣服、帽子埋葬在这个地方，所以有了墓。"